당신은 왜 형제를 판단하십니까?

일리아스 불가라키스 지음
요한 박용범 옮김

한국정교회

당신은 왜 형제를 판단하십니까?

일리아스 불가라키스 지음
요한 박용범 옮김

당신은 왜 형제를 판단하십니까?

교회 인가 : 2007. 5. 1

초판1쇄 인쇄 : 2007년 10월 26일
초판1쇄 발행 : 2007년 10월 26일

지은이 : 일리아스 불가라키스
옮긴이 : 요한 박용범
발행인 : 암브로시오스 주교
발행처 : 한국정교회 출판부
　　　　121-011 서울 마포구 아현1동 424-1
　　　　www.orthodox.or.kr
　　　　orthodox@orthodox.or.kr
전　화 : (02) 365-3744, (02) 362-7005
팩　스 : (02) 392-7322
등　록 : 105-91-07984

Ηλίας Α. Βουλγαράκης
Συ τι κρίνεις τον αδελφόν σου;
Εκδόσεις ΜΑΙΣΤΡΟΣ
Αρχιπελάγους 1313, 152 36 Πεντέλη- GREECE

Copyright © Εκδόσεις ΜΑΙΣΤΡΟΣ 2006
Korean translation copyright © 2007

* 이 책의 한국어판 저작권은 Εκδόσεις ΜΑΙΣΤΡΟΣ 출판사와 독점계약한 한국정교회 출판부에 있습니다.

* 저자와의 협의에 따라서 인지는 붙이지 않습니다.
* 저작권법에 의해 한국 내에서 보호를 받는 저작물이므로 무단전재와 무단복제를 금합니다.
* 잘못된 제품은 구입하신 곳에서 교환해 드립니다.

The publication of this book was made possible through the generous donation of the faithful of the Nativity of the Theotokos' Parish (Panagitsa) in Nicaea, GREECE.

ISBN 978-89-959420-9-3 03200
정가 7,000

나는 결코 아무도 판단하지 않는다.
요한 8, 15

우리가 남의 종을 판단할 권리가 있습니까?
그가 서거나 넘어지거나 그것은 그의 주인이 상관할 일입니다.
주님께서는 그를 서 있게 하실 힘이 있으시니 그는 넘어지지 않을 것입니다.
로마서 14, 4

그러나 율법을 정하시고 심판하시는 분은 오직 한 분이십니다.
그분은 여러분을 구원하실 수도 있고 멸망시키실 수도 있는 분입니다.
여러분이 무엇이기에 이웃을 심판한단 말입니까?
야고보 4, 12

남을 판단하지 말아라. 그러면 너희도 판단받지 않을 것이다.
마태오 7, 1

그런데 어떻게 우리가 형제를 심판할 수 있으며 또 멸시할 수 있겠습니까.
우리는 다 하느님의 심판대 앞에 설 사람이 아닙니까?
로마서 14, 10

그러므로 남을 판단하는 사람이라 하더라도 자기는 죄가 없다고 말할 수는 없습니다.
남을 판단하면서 자기도 똑같은 짓을 하고 있으니
결국 남을 판단하는 것은 바로 자기 자신을 단죄하는 것입니다.
로마서 2, 1

그러므로 주님께서 오실 때까지는 무슨 일이나 미 리 앞질러 심판해서는
안 됩니다. 주님께서 오시면 어둠 속에 감추어진 것을 밝혀 내시고
사람의 마음 속 생각을 드러내실 것입니다. 그 때에는 각 사람이 하느님께로부터
응분의 칭찬을 받게 될 것입니다.
고린토 I 4, 5

차 례

당신은 왜 형제를 판단하십니까?   7
비난과 비판에 대한 서론   7

1. 무엇이 비난이고 무엇이 비판인가?   9
    1) 비난과 비판의 의미   9
    2) 우리는 어떤 식으로 비난하고 비판하는가?   11
    3) 무엇 때문에 비난하고 비판하는가?   13
    4) 비난과 비판의 원인은 무엇인가?   15

2. 수도자들은 비난 및 비판과 전쟁한다.   23
    1) 비난과 비판을 금지한다.   23
       (1) 금지에 대한 수도자들의 가르침   23
       (2) 수도자들은 허물을 덮어 주라고 요청한다.   27
    2) 성인들의 모범   28
       (1) 성인들은 비난도 비판도 하지 않았다.   28
       (2) 성인들은 다른 사람들의 잘못을 덮어주었다.   36
    3) 비난과 비판은 죄이다   38
       (1) 수도자들은 무엇을 가르쳤는가?   38
       (2) 수도자들에게 죄의 결과는 무엇인가?   40
    4) 비난과 비판은 그리스도교의 가르침을 위반한다.   42
       (1) 신학의 위반   42
       (2) 교회학의 위반   44

3. 수도자들은 비난과 비판이 왜 나쁜 것인가에 대해 설명한다.   47
    1) 인간의 판단은 온전하지 못하다.   47

(1) 우리들의 직관은 실수한다.　　　　　　　　　　47
　　　(2) 우리는 다른 사람의 의도를 알지 못한다.　　　49
　　　(3) 우리는 타인의 행동을 제대로 읽지 못한다.　　52
　　2) 다른 사람의 영혼의 내력을 우리는 알지 못한다.　59
　　　(1) 하느님은 인간을 포기하지 않으신다.　　　　　59
　　　(2) 우리는 그의 영적 투쟁을 모른다.　　　　　　　61
　　　(3) 죄인은 이미 회개하고 용서받았다.　　　　　　62
　　3) 비난하고 비판하는 사람은 자기 자신을 훼손시킨다.　64
　　　(1) 비난자는 그의 인격을 드러낸다.　　　　　　　65
　　　(2) 비판하는 사람은 여러 가지 죄에 빠진다.　　　66
　　　(3) 비난과 비판은 정신을 흐리게 하고 은총을 내쫓는다.　72

4. 비난과 비판에 대해 수도자들은 우리에게 무엇을 가르치는가?　74
　　1) 판단은 언제 허락되는가?　　　　　　　　　　　　74
　　2) 비난과 비판의 정욕으로부터 어떻게 고쳐질 수 있는가?　79
　　　(1) 부정적 방법　　　　　　　　　　　　　　　　80
　　　(2) 긍정적 방법　　　　　　　　　　　　　　　　84
　　3) 다른 사람들이 우리를 험담할 때　　　　　　　　91

결론으로의 두 가르침　　　　　　　　　　　　　　　　98

약어

ΒΕΠΕΣ : *Βιβλιοθήκη Ελλήνων Πατέρων και Εκκλησιαστικών Συγγραφέων, Αθήνα*
그리스 교부 및 교회저자 문헌, 아테네

PG : *Patrologia Graeca*, ed. J.P. Migne, Paris, 1857-1912
그리스 교부 문헌

SCh : *Sources Chrétiennes*, Paris

당신은 왜 형제를 판단하십니까?

비난과 비판에 대한 서론

오늘날 남에 대한 비난이 횡행하고 있는 상황에서, 고백자 성 막시모스(†662)의 가르침으로 이 주제를 열고자 한다.

"인간은 자신의 죄를 슬퍼하기를 멈추고 하느님의 아들로부터 심판권을 빼앗아 마치 죄가 없는 사람처럼 서로 판단하며 서로 심판받는다. 이런 현상에 하늘은 놀라고 땅은 떤다. 그러나 그들은 감정 없는 존재처럼 부끄러움조차 느끼지 못한다."[1]

이보다 1세기 앞서 가자 부근에 위치한 한 수도원의 원장으로 있었던 성 도로테오스(†570경)도 같은 가르침을 피력하였다.

"비천한 우리는 무엇을 보든지 듣든지 가정하든지간에 올바른 구분 없이 그것들을 비난하고 혐오하고 비하하기 시작한다. 특히 그런 행위가 우리 자신에게만 해를 입히는 데 그치지 않고 그 해악을 더욱 확산시킨다는 데 더 큰 심각성이 있다. 우리는 어떤 형제를 만나게 되면 즉시 그에게 이러쿵저러쿵 말을 전한다. 그렇게 함으로써 우리는 다른 사람 마음 속에도 죄를 심어 주어 그에게 피해를 준다. "화를 입으리라. 이웃에게 술을 퍼먹여 곯아 떨어지게 하는"(하바꾹 2:15)이란 말씀을 두려워하지 않고 우리는 무의식적으로 사탄의 행위를 실행에 옮긴다. 사실 사탄의 일이란 게 선동과 해를 입히는 것 말고 무엇이 있겠는가? 이렇게 우리는 우리의 행위를 통해 사탄의 동료가 되어 우리 자신만이 아니라 이웃에게도 해를 입힌다. 영혼을 해롭게 하는 자는 누구라도 사탄의 동료요 협조자가 된다."[2]

---

[1] 고백자 막시모스, Κεφάλαια περί Αγάπης 3, 53, PG 90, 1033A.
[2] 가자의 도로테오스, Διδασκαλίαι Διάφοροι προς τους Εαυτού Μαθητάς 6, 75. Regnault, L. - Préville, J. De, *Dorotheé de Gaza*, Oeuvres Spirituelles, SCh 92, Paris : 1963, 278행부터.

모든 시대에 일상적으로 나타나는 남을 비판하는 이 그릇된 현상에 대해서 우리는 과거 수도자들이 가르친 바를 무한히 열거할 수 있을 것이다. 하지만 이러한 일은 사실 불필요하다. 왜냐하면 우리는 남에 대한 비판이 영혼의 밭에서 끊임없이 피어나는 잡초와 같은 존재라는 것을 알고 있기 때문이다. 그렇다고 해서 오늘날의 사회 현상이 죄를 짓는 우리에게 위안이 될 수도 없다. 왜냐하면 남의 죄가 우리의 죄를 합리화하고 정당화 할 수는 없기 때문이다. 율법적으로 사고하는 이런 태도 때문에 비판이 치명적인 손상을 가져오는 나쁜 죄로 인식되지 않고 오히려 좋은 것처럼 여겨질 수 있는 여지를 가져다준다! 우리가 진정 죄가 해악을 유발하는 것이라는 사실을 깨닫고 있다면 남들의 행위에 무관심하지 않을 뿐만 아니라 또한 자신의 행위 역시 정당화하지 못할 것이다. 그리고 오직 하나, 우리가 어떻게 하면 죄로부터 벗어 날 수 있을까 하는 생각에만 관심을 둘 것이다.

따라서 우리는 클리막스의 성 요한(†646)의 가르침으로 서론을 마무리하려 한다.

"나는 겉으로 드러나지 않고 눈에 띄지도 않는 다양한 종류의 심각한 잘못을 한 사람들을 보았다. 하지만 그들은 외형적으로 깨끗하다는 명성만으로, 아주 사소하고 작은 잘못을 한 사람들을 비판하는 무례를 범한다."[3]

---

[3] 요한 클리막스, $Λόγος$ 10, 14.

1. 무엇이 비난이고 무엇이 비판인가?

1) 비난과 비판의 의미

우리는 이 두 단어가 가지는 의미에 대해서 깊이 연구할 생각이 없다. 왜냐하면 그것은 우리의 목적에서 벗어나기 때문이다. 우리는 언어학적 분석이나 언어적 기원을 찾으려 하지 않으며 성서에 나오거나 교부를 포함한 교회저자들이 교회문헌에서 사용했던 단어의 흐름을 추적할 생각도 없다. 우리는 단지 수도자들의 문헌에서는 "비난"과 "비판"에 대해 어떻게 가르치고 있는가에 대해 살펴보려 한다. 물론, 이런 노력은 학문적 완성을 목표로 하지 않는다. 왜냐하면 우리의 주된 관심은 다른 곳에 있기 때문이다.

성 대 바실리오스는 그의 저서『소 규칙서』에서 형제의 잘못을 제삼자에게 알려도 되는 경우에 대해 설명을 한 후 "비난이 무엇인가"라는 질문에 다음과 같이 답을 하고 있다.

"누구라도 꼭 필요에 따르지 않고서는 비록 말한 내용이 사실일지라도 남을 흠집 내기 위해서나 비하하기 위한 목적으로 말하는 자는 비난하는 자이다."[4]

성 사바 수도원의 성 안디오호스도 거의 같은 내용의 가르침을 주고 있다. "형제가 자리에 없을 때, 비록 말하는 내용이 사실에 근거한다 하여도 그를 흠집 내기 위한 목적이 있었다면 그것은 비난이라 할 수 있다."[5]

누군가가 바르사누피오스(†540경) 사부에게 다음과 같이 물어보았다.

"사부님, 저는 형제가 하는 행동을 보고 제 삼자에게 그것을 이야기

---

[4] 대 바실리오스, Ὅροι κατ' Ἐπιτομήν 25, ΒΕΠΕΣ 53, 241, 27행부터.
[5] 사바 수도원의 안디오호스, Λόγοι 29, PG 89, 1529D.

하면서, 비판하는 것이 아니라 단지 대화하는 것이라고 생각합니다. 제가 머릿속으로 생각하고 있는 것이 혹시 비난입니까?"

성인은 다음과 같이 대답하였다.

"만약 그 대화의 출발점이 정욕에 의한 것이라면 비난이 맞다. 하지만 정욕적인 것이 아니라면 비난이 아니라 악이 더 크지 못하도록 하기 위한 것이 된다."[6]

클리막스의 성 요한은 비난에 대한 가르침을 다음과 같이 기록하고 있다.

"비난은 미움의 산물이자 사랑의 몸체에 달라붙어 피를 빨아먹는 거머리이며 잘 드러나지 않는 병과 같다. 또한 비난은 사랑의 위선이자 순결함의 소멸이고 마음을 더럽히고 짓누르는 것이다."[7]

마지막으로 가자의 성 도로테오스는 다음과 같이 말하고 있다.

"비난과 비판은 서로 다른 것이다. 비난은 누군가에 반해서 말하는 것인데, 예를 들어보면, 거짓말을 했어, 화냈어, 또는 음란한 짓을 했어 등등이다. 다시 말해 어떤 행위에 대해 나쁜 목적을 가지고 그 잘못을 드러내는 것을 의미한다. 반면에 비판은 거짓말쟁이, 화내는 사람, 또는 음란한 자 등으로 표현하면서 어떤 행위에 국한시키는 것이 아니라 그 사람의 내면까지 판단하여 이미 그런 류의 사람이라고 새단해 버리고 그 사람의 모든 행위와 생활에 대해 판결을 내리는 것을 의미한다."[8]

따라서 무엇이 비난이고 무엇이 비판인지에 대한 결론을 도출하려 한다면 우리는 위의 가르침에 근거하여 다음과 같이 말할 수 있을 것이다.

"비난은 내용의 진위를 떠나 순수한 동기 없이 누군가에게 형제의 잘못을 드러내는 것이다. 반면에 비판은 자기 자신 또는 누군가

---

[6] 바르사누피오스와 요한, Επιστολαί 608.
[7] 요한 클리막스, Λόγος 10, 1.
[8] 가자의 도로테오스, *op. cit.*, 6, 70.

에게 형제의 잘못된 행위가 아닌 형제의 인격자체를 재단해 버리는 것이다."

2) 우리는 어떤 식으로 비난하고 비판하는가?

비난과 비판을 하는 방법은 다양하다. 어떤 것은 직접적이며 확연하고, 또 어떤 것은 간접적이고 잘 드러나지 않는다. 직접적이고 쉽게 드러나는 방법은 주로 비지식인층이나 순박한 사람들이 사용한다. 그리고 간접적이고 잘 나타나지 않는 방법은 주로 지식인층이나 그리스도교인들이 사용한다. 후자의 사람들은 비난과 비판이 사회에서 허락되지 않고 그리스도교 윤리상 금지되어 있음을 잘 알고 있어 남을 험담할 때 자신들의 의도를 숨긴다. 심지어는 자신의 의도를 자기 자신에게조차도 감추는 사람들의 경우도 있다.

우리는 이 두 가지 방법 중에서 간접적으로 드러내지 않은 채 비난과 비판을 일삼는 경우를 살펴보려 한다.

그 한 예로서 비판과 칭찬을 뒤섞는 경우가 있다.

탈라시오스(†7세기경) 성인은 분명하게 언급하고 있다.

"많은 경우에, 형제를 비판하는 사람은 형제를 칭찬하는 척하면서 형제에 대해 질투를 하고 있다."[9]

사막의 성인 마르코(†430이후)는 이런 상황에 대해 좀 더 구체적으로 우리에게 기술하고 있다.

"어떤 일에 대해서는 형제를 칭찬하면서 다른 일에 대해서는 그 형제를 비판하는 사람은 시기와 허영에 사로잡혀 있는 사람이다. 그런 사람은 칭찬을 통해 형제에 대한 시기를 감추려하고 동시에 비판을 통해 은근히 자신을 드러내려한다."[10]

---

9 탈라시오스, *Περί Αγάπης και Εγκρατείας και της κατά Νουν Πολιτείας* 1, 9, PG 91, 1429A.

고백자 성 막시모스는 여기서 한걸음 더 나아가 자기 자신도 알지 못한 채 칭찬과 비판을 혼동하는 사람에 대해 가르쳤다.

"네가 사람들 앞에서 어떤 형제를 칭찬할 때 그 칭찬이 변질되지 않도록 주의하라. 왜냐하면 그를 칭찬하면서 네 마음속에 어떤 슬픔이 내재하고 있을지 모르기 때문이다. 이렇게 네 자신도 모르게, 형제를 칭찬하는 말 속에 그를 흠집 내고자 하는 의도가 혼재한다."[11]

비난의 또 다른 하나의 방법은 사랑에 기인한 것처럼 하는 방법이다. 클리막스의 성 요한은 아주 특징적으로 그것을 표현하고 있다.

"나는 몇몇의 형제들이 비난하는 말을 듣고, 그들을 나무랐다. 악의 동료들인 그들은 자신들을 합리화하기 위해 나에게 형제에 대한 사랑과 관심으로 한 것이라고 말했다. 하지만 나는 "뒤에서 자기 이웃 헐뜯는 자, 그런 자는 입을 봉해 버리리이다. 안하무인 오만불손한 자, 그런 자를 나는 용납하지 않으리이다."(시편 101:5)라는 말씀이 거짓이 아니라는 것을 보여주기 위해 그들에게 그런 그릇된 사랑을 중단하고 너희가 형제를 진정으로 사랑한다면 비난하거나 폄훼하지 말고 오히려 그를 위해 남몰래 기도해 주어야 한다고 일러 주었다. 그리고 이런 진실한 사랑이야말로 진정 주님께서 기쁘게 받아 주신다고 일깨워 주었다."[12]

시로스의 성 이사악도 이와 유사한 가르침을 주었다.

"왜 당신은 죄인을 미워하는가? 그가 당신의 기준에 의로운 사람이 아니기 때문인가? 하지만 사랑이 없는 당신의 정의가 어디에 필요한가? 왜 그를 위해 눈물을 보이지 않고 그를 내모는가?"[13]

사랑하기 때문에 형제를 비난한다는 것과 형제의 잘못을 고쳐주기 위해 비난한다는 것은 서로 상관성이 있어 보인다. 하지만 수도자들은

---

10 사막의 마르코, *Περί Νόμου Πνευματικού* 123, PG 65, 920D.
11 고백자 막시모스, *Κεφάλαια περί Αγάπης* 4, 28, PG 90, 1053BC.
12 요한 클리막스, *Λόγος* 10, 3.
13 시로의 이사악, *Λόγοι* 60.

그런 주장을 받아들이지 않는다. 왜냐하면 감추어진 나쁜 의도 속에서 좋은 결과가 나올 수 없다는 사실을 잘 알고 있기 때문이다. 오히려 그런 행위는 형제를 유익하게 하기보다 해롭게 하는 경우가 더 많았음을 가르쳤다. 『사막 교부들의 금언집』에는 이런 살아있는 가르침을 많이 찾아볼 수 있다.

"한 공동체에서 어떤 형제가 음행을 범했다는 모함을 받았다. 슬픔에 잠긴 그 형제는 안토니오스 사부를 만나러 갔다. 잠시 후에 그 공동체의 여러 형제들도 그 형제를 데리러 그곳에 왔다. 그리고 그들은 그곳에서 왜 그런 짓을 했냐고 그 형제를 비난했다. 하지만 그 형제는 결코 그런 일이 없었다고 주장하였다. 때마침 그곳에 머무르고 있던 파푸누티오스 케팔라스 사부가 다음과 같은 비유를 들어 말했다. '언젠가 내가 강기슭 진흙 속에 무릎까지 빠져있는 한 사람을 본 적이 있었지. 그런데 몇 사람이 그를 건져낸다고 도와주러 가서는 오히려 그를 목까지 잠기게 한 사건이 있었어.' 말이 끝나자마자 안토니오스 사부는 파푸누티오스 사부를 가리켜 말하였다. '자, 여기 바르게 도움을 주고 참되게 영혼을 구원할 수 있는 분이 계시지 않는가!' 사부들의 말씀에 자신들의 잘못을 깨우친 수도자들은 모함당한 형제에게 자신들의 잘못에 대한 용서를 구했다. 그리고 사부들은 그들에게 형제를 다시 공동체로 데리고 가도록 하였다."[14]

3) 무엇 때문에 비난하고 비판하는가?

우리는 위에서 비난과 비판에 대한 방법을 말하면서 그 방법이 다양하다는 것을 밝혔다. 방법이 다양하다는 것은 비난과 비판을 하는 동기 역시 많다는 것을 의미한다. 앞 장에서 우리는 비난과 비판의 한

---

[14] 사막 교부들의 금언집, Ἀντώνιος 29, PG 65, 85A.

가지 이유인 시기에 대한 수도자들의 다양한 가르침을 들었다. 여기서 우리는 두 가지의 가르침에 대해서 좀 더 살펴보고자 한다.

첫 번째로 클리막스의 성 요한의 가르침을 보자.

"사탄은 다양한 방법을 통해 우리를 죄 짓게 만든다. 하지만 그런 노력이 성공하지 못하면 죄 짓는 사람들을 비판하게 만든다. 이런 방법을 통해 사탄은 죄에 빠지지 않은 우리의 성과를 퇴색시켜 버린다. 당신은 비판이 시기 하는 자들과 악의를 가지는 자들의 특징임을 알아야 한다. 그들은 기쁜 마음으로 이웃의 가르침이나 성과를 비난하고 흠집 낸다. 그들의 이런 행위는 그들 마음 속에 깊이 스며들어 있는 미움으로부터 나온다."15

두 번째는 앙기라의 성 닐로스의 가르침이다.

"일부 사람들은 자신들의 경건함이 남들에게 알려지지 않을 경우, 자신들의 악의를 통해서라도 알려지려 노력한다. 또 다른 이들은 시기에 물든 나머지, 수도에 정진하는 사람들을 모함하기 위한 핑계거리를 찾아다닌다."16

이처럼 비난과 비판의 이유인 시기나 미움은 누구라도 쉽게 가질 수 있다. 또한 이 밖에 비슷한 이유들에는 겉모습으로 상대방 판단하기, 수다, 험담, 남의 잘못을 즐기는 것 등이 있다.

여기서 우리는 누가 봐도 첫 눈에는 잘 알 수 없는 또 다른 하나에 대해 알아볼 필요가 있다. 수도자들의 가르침에 따르면 그것은 다름 아닌 우리 자신을 내세우기 위한 속마음이다. 이 속마음은 두 가지 방법으로 나타난다. 첫 번째는 바리새인이 세리를 비난하면서 자신을 높이던 방법이다. 이것을 고백자 성 하리톤은 "자신을 정당화하기"라고 명명하였다. 성인의 말을 살펴보자.

"네가 할 수 있는 한 형제를 판단하는 것을 피하라. 판단은 우월감

---

15 요한 클리막스, $Λόγος$ 10, 13.
16 앙기라의 닐로스, $Προς Ευλόγιον Μοναχόν$ 17, **PG 79**, 1116B.

에서 파생한다. 남을 판단하는 사람은 바리새인처럼 행동한다. 왜냐하면 형제를 비판하면서 자기 자신을 성인처럼 치켜세우려 하기 때문이다."[17]

두 번째는 덕을 조금 쌓았다고 자신을 본보기로 따르라고 하는 것이다. 이런 경우에 대해서 성 도로테오스는 다음과 같이 말하였다.

"그래서 우리는 덕으로 온전히 나아가지 못하는 것이다. 왜냐하면 우리가 조금만 덕을 쌓으면 우리의 형제들에게 '왜 이것을 하지 않았느냐? 이것은 꼭 해야 한다.'는 등 우리가 말하는 것을 실천하게끔 요구한다. 하지만 우리는 그들에게 요구하기에 앞서 먼저 우리 자신에게 계명을 더 잘 지키도록 요구해야 한다. 그리고 온전히 계명을 지키지 못하고 있는 우리 자신을 더 꾸짖어야 한다."[18]

4) 비난과 비판의 원인은 무엇인가?

이제 우리는 비난과 비판에 관련된 이유보다 더 세밀한 원인을 찾으려 한다. 그것은 사람이 그런 잘못을 범하게 되는 좀 더 깊은 근원을 알고자 하기 때문이다. 그 원인으로서는 인간의 불완전성, 타인의 상황에 대한 올바른 판단의 결여, 남의 잘못에 대한 우리의 기준에 의한 재단, 인간의 판단에 대한 확신, 하느님께서 다른 형제를 어떻게 생각하고 있는지에 대한 우리의 무지, 시기, 하느님 은총의 사유화 등등이다.

위의 모든 원인들을 연구한다면 일반적인 선에서 네 가지를 도출할 수 있게 된다. 첫 두 가지는 무엇이 죄인가에 대한 사람들의 사고와 관련된 지적인 특징이다. 세 번째는 윤리적 특성 즉 인간이 비난과 비

---

[17] 번역자 시메온, Σεπτέμβριος, Βίος Ομολογητού αγ. Χαρίτωνος 14, PG 115, 916CD.
[18] 가자의 도로테오스, *op. cit.*, 7, 86.

판을 하게끔 자극하는 선천적 감정과 연관되어 있다. 네 번째는 좀 특수한 경우로서 수도생활이 인간의 품행만을 변화시키는 것이 아니라 인간의 본성 자체도 변화시킨다는 잘못된 견해에 기인하여 세상 사람들이 수도자들을 비난하는 경우이다.

첫 번째 원인은 덕과 죄의 정형화이다. 즉 모든 행위는 그 행위 속에 선과 악의 특징이 들어 있다고 보는 것이다. 이런 사고는 죄와 덕이 인간의 통제하에 놓이는 결과를 가져오게 된다. 따라서 어떤 사람이 하는 행위를 보고 기본적으로 그의 성품을 판단하게 된다.

과거 오래 전에 일부 그리스도교인들이 공유했던 이런 입장은 전혀 그리스도교적이지 않다. '그리스도교적이지 않다.'라는 사실은 성품의 핵심적 요소라 할 수 있는 의도를 배제했다는 사실에서 증명된다. 우리가 의도라 한다면 판단 받는 사람과 판단하는 사람의 것을 포함한다.

우리는 좀 더 아래에서 현상적인 것만을 가지고 전혀 판단할 수 없는 경우를 보게 될 것이다. 또한 『수덕의 길의 다양성』이라는 책자를 통해 덕의 완전성에 이르는 길은 결코 외길이 아니며 개인마다 다른 특성 속에서 성취되고 있음을 알 수 있다. 우리는 두 명의 수도자가 똑같은 것을 두고 완전히 서로 다른 생활방식을 취했음에도 그들의 최종 목표가 '하느님을 위한 길'이었기에 정도를 걸었던 사례를 책에서 일부 인용해서 살펴보자.

"아르세니오스 사부는 다른 형제들과 함께 생활하기보다 홀로 조용히 묵상하면서 지내기를 선호하였다. 반면에 '강도 출신'인 모세 사부는 가슴이 따뜻하고 환대하는 성격이었다. 어느 날 한 수도자가 그 둘을 방문하게 되었는데 그들이 보여준 너무나 다른 생활방식에 의구심이 들어 그 이유를 알고 싶어졌다. 수도자로부터 그런 얘기를 전해들은 여러 수도자들 중의 한 명이 '주여, 한 수도자는 당신 이름을 위해 세속을 떠나 홀로 조용히 지내고 또 다른 수도자는 당신 이름을 위해 더불어 삶을 사는데 어느 것이 진정 당신의 뜻인지 알려 주십시오.'

하고 하느님께 간구하자 강가에 놓인 커다란 배 두 척이 그의 눈 앞에 펼쳐졌다. 그런데 한 척은 아르세니오스 사부와 하느님의 영이 고요 속에서 배를 젓고 있었다. 그리고 또 다른 한 척에는 모세 사부와 천사들이 배를 젓고 있었는데 천사들이 달콤한 벌꿀로 모세 사부를 부양하고 있었다."19

같은 주제에 대해서 성 도로테오스는 좀 더 분명하게 설명하고 있다. "언젠가 내가 다음과 같은 이야기를 들었다네. 하루는 포로를 실은 배 한 척이 어떤 도시에 도착했지. 그런데 그 도시에는 자신을 보살피며 거룩한 생활을 하던 한 여인이 있었어. 배가 도착했다는 소식을 접한 그녀는 무척 기뻐했어. 왜냐하면 어린 소녀를 사서 제대로 키우고 싶어서였지. 그녀는 세상의 악은 아예 접하지 못하게 제대로 그 아이를 키울 생각을 했어. 배에 두 명의 어린 소녀가 있다는 얘기를 듣고 그녀는 주저 없이 한 어린이를 돈을 주고 샀지. 소녀를 팔고 그녀의 집에서 나온 선장은 채 얼마 가기도 전에 아주 천한 창녀를 만나게 되었어. 그런데 그 창녀는 선장이 데리고 있던 다른 한 소녀를 보고 흥정 끝에 돈을 지불하고 그녀를 데려갔지. 형제여, 하느님의 신비를 보았는가! 그분의 결정을 보았는가! 누가 이 현상을 설명할 수 있겠는가? 자신의 삶을 하느님께 바친 여인이 어린 소녀를 데려다가 하느님을 알게 하고, 선행을 배우게 하고 수덕의 삶을 가르치고 하느님의 거룩한 계명의 아름다운 향기를 일깨워 주지 않겠는가? 반면에 창녀는 불쌍한 어린소녀를 데려다가 사탄의 도구로 만들고 있지 않겠는가? 창녀가 어린 소녀의 영혼을 망치는 것 말고 과연 무엇을 가르칠 수 있겠는가? 우리는 과연 이 사건에 대해 무엇을 어떻게 말할 수 있겠는가? 두 명의 어린 소녀가 있었는데 자신들이 어디로 가는지도 모른 채 팔려나가 한 명은 하느님의 품에, 또 다른 한 명은 사탄의 손에 빠졌네. 이런 상황 속에서 하느님께서 한 어린이에게 요구하는 것을 또

---

19 사막 교부들의 금언집, *Αρσένιος* 38, PG 65, 105AB.

다른 어린이에게 똑같이 요구할 수 있다고 누가 주장할 수 있겠는가? 과연 그런 것이 가능하겠는가? 만약 두 아이가 똑같이 음행이나 다른 잘못을 범했다고 했을 때 둘 다 똑같은 무게의 죄를 지울 수 있겠는가? 과연 그것이 가능하겠는가? 한 아이는 하느님의 심판과 하느님의 나라에 대해서 배웠고 불행한 한 아이는 좋은 것이라고는 듣지도 보지도 못한 채 온갖 나쁘고 더러운 것만 보았는데 어떻게 그들의 행실에 똑같단 잣대를 가지고 같은 요구를 할 수 있단 말인가?"[20]

번역자 시메온도 성 대 바실리오스의 가르침과 성인의 이름을 딴 다른 저자들의 가르침의 내용이 수집 기록되어 있는 죄에 관한 그의 저서에서 이와 유사한 내용을 다루고 있다.

"인간의 나쁜 행실에는 비자발적인 것과 불순한 의도로 행하는 자발적인 것이 있다. 비자발적인 죄와 자발적인 죄는 심판의 기준이 서로 다르다. 그 예를 들어보자. 한 사람이 죄를 지었다. 그런데 그는 불의한 부모에게서 태어나 어릴 적부터 온갖 욕설과 못된 행실을 보면서 나쁜 환경 속에서 성장했다. 반면에 다른 한 사람은 경건함과 부모의 조언, 선생님의 지도, 영적 가르침, 그 밖의 여러 가지를 통해 덕행을 쌓을 수 있는 기회가 많이 주어졌다. 그런데 그도 역시 죄를 짓게 되었다. 만약 그렇다면 두 번째의 사람이 더 엄한 벌을 받아야 정당한 것이 아닌가? 첫 번째 사람도 인간 구원을 위해 하느님께서 인간에게 심어 주신 양심을 온전하게 사용하지 못한 것에 대해 추궁 받겠지만, 좋은 환경 속에서 성장했음에도 온전히 자신을 살피지 못하고 부주의함으로 죄의 삶에 빠진 두 번째는 더 엄하게 벌을 받는 것이 당연한 것이다."[21]

이 부분에서 우리는 독자가 오해를 하지 않도록 해야 할 필요가 있

---

[20] 가자의 도로테오스, *op. cit.*, 6, 73. 참고. 대 바실리오스, *Ομιλίαι εις τους Ψαλμούς* 7, 5, ΒΕΠΕΣ 52, 23, 38-24, 35.
[21] 번역자 시메온, *Ηθικοί Λόγοι* 8, 3, ΒΕΠΕΣ 57, 236, 32.

다고 본다. 왜냐하면 독자가 성 대 바실리오스의 저서 『소 규칙서』를 읽으면 같은 주제를 가지고 정 반대의 입장을 피력하고 있다는 인상을 받기 때문이다. 그렇다면 성 대 바실리오스 대주교의 가르침을 살펴보자.

"잘못한 사람을 꾸짖을 때의 방법은 그 사람이 어떤 의도로 죄를 지었고 또 어떻게 그 죄를 지었는가에 따라 달라진다. 사실 경건한 사람과 그렇지 않은 사람이 지은 죄는 똑같아 보일 수가 있다. 하지만 그 차이는 참으로 크다. 경건한 사람은 경건하게 살려고 노심초사 하면서 하느님을 기쁘게 하기 위해 노력을 기울인다. 만약 그가 어떤 잘못을 범했다면 그것은 스스로 원했다기보다 우발적일 가능성이 크다. 하지만 아예 그런 삶에 무관심한 사람은 자신은 물론 하느님을 염두에 두지 않고 또 죄와 선을 이루기 위한 노력 사이에서 그 어떤 차이를 보지 못함으로써 하느님을 믿지 않고 하느님을 경시하는 더 큰 죄를 짓게 된다. 따라서 그는 하느님을 경시하거나 또는 하느님을 믿는다고 말하면서도 사실은 하느님의 존재를 부인하는 죄를 지음으로써 자기 자신을 파멸로 이끈다."[22]

위에 언급한 성 대 바실리오스의 가르침을 주의 깊게 살펴본다면 이전 내용의 가르침과는 전제부터 다름을 발견하게 된다. 그 차이는 두 가지 부분에 있다. 첫 번째 부분은 성 대 바실리오스가 언급한 경건한 사람이 죄에 빠지는 경우 그것은 충동적이거나 우발적인 경우로서 죄에 완전히 휩쓸린 것을 의미하지 않는다는 점이다. 두 번째 부분은 성인이 언급한 무관심한 사람과 이전에 말한 나쁜 환경 속에서 성장한 사람들의 경우는 사뭇 다르다는 점이다. 즉, 성인이 언급한 무관심한 사람은 그가 지은 죄의 책임이 자기 자신에게 있음을 단적으로 보여주고 있다.

그럼, 우리의 주제로 다시 돌아와 보자. 행위의 정형화 특히 윤리의

---

[22] 대 바실리오스, Ὅροι κατ' Ἐπιτομήν 81, ΒΕΠΕΣ 53, 264, 32

정형화로는 주님께서 우리에게 일러주신 아래의 말씀을 온전히 설명할 수가 없다.

"너희도 명령대로 모든 일을 다 하고 나서는 '저희는 보잘 것 없는 종입니다. 그저 해야 할 일을 했을 따름입니다.'라고 말하여라."(루가 17:10).

또한 정형화의 기준으로는 -영적 성숙의 깊고 얕음에 관계없이 아직도 제대로 깨닫지 못하고 있는- '나는 어느 사도보다도 더 열심히 일했다.'(고린토Ⅰ 15:10)라고 자처하던 사도 바울로가 스스로에 대해 '나는 죄인들 중에서 가장 큰 죄인입니다.'(디모테Ⅰ 1:15)라는 말씀을 결코 설명할 수 없다.

첫 번째와 깊은 관련이 있는 두 번째 원인은 그리스도교 윤리의 의무를 법률적 관점으로 보는 것이다. 이 관점은 그리스도교 가르침이 삶의 한 방법이 아닌 하느님에 의해서 강제로 행동이 규정되는 법전처럼 비춰질 수 있다. 이렇게 되면 죄가 자신의 영혼에 손상을 가져오는 것으로 여기지 않고 법을 위반한 것으로 생각하게 된다. 하지만 이런 식의 죄의 인식은 신자가 죄를 공감하게 만들고, 다소 시새움으로 죄인을 바라보게 된다.

위의 내용을 좀 더 분석해 살펴보자. 우리가 잘 알고 있는 누군가가 불행의 대상이 되었거나 깊은 병에 빠졌다고 가정하자. 만약 우리가 남의 불행을 기뻐하는 사람이 아니라면 우리는 같이 슬퍼하거나 그를 도와주려 할 것이다. 또한 우리가 그런 불행에 처해있지 않은 것에 대해 하느님께 감사를 드릴 것이다. 그런데 왜 우리는 우리의 지인이 윤리적 잘못을 범했을 때 정 반대의 행동을 보이는 것일까? 왜 가슴 아파하기보다는 화를 내며 때로는 기뻐할까? 그를 도와주기보다는 그를 비난하고 우리가 그런 힘겨운 상황에 처하지 않은 것에 대해 하느님께 감사를 드리기보다 우리의 덕을 자랑할까? 그 이유는 자명하다. 첫째, 지인에게 손상을 가져온 불행이 우리에게도 발생하게 되면 우리도 똑같이 손상을 입는다는 사실을 믿기 때문이다. 둘째, 지인에게 일어난 사건이 실제로 그를 손상시킬 것인지에 대한 확신을 우리가 갖지 못하기 때문에 질투하는 사람이 하는 행동처럼 우리가 그렇게 반발하는 것이다.

물론 비난과 비판의 이런 원인은 그리스도교 신앙의 초심자들에게 유효하다. 즉 교부들의 구분에 따르면 신자의 세 부류인 종, 삯을 받는 일꾼, 아들 중에서 첫 두 부류에게 해당된다.

세 번째 원인은 수도자들에게 있어 교만이다. 우리는 이미 위에서 비난과 비판의 동기를 말하면서 "자신의 정당화"와 같은 바리새인의 행위에 대해 언급하였다. 사실 이런 동기는 확실한 에고이즘의 특성을 보인다. 왜냐하면 다른 동료로부터 자신을 분리시키고 서로간의 친교를 단절시키기 때문이다. 이런 관계의 파괴는 인간이 하느님의 은총 없이도 살 수 있고 존재할 수 있는 독립체라는 비극적 견해에 기인한다. 다시 말하면 원죄가 다시 반복되는 것이다. 하느님과 인간의 단절은 동료로부터 자신을 분리시킨다. 자기 자신의 능력으로 덕을 이뤘다고 여기는 것이 하느님과 단절된 것이 아니고 무엇이겠는가?

암모나스(†396이전) 사부의 저서에는 우리가 미워하고 버려야 할 다음과 같은 내용이 들어 있다.

"…너는 네 자신이 뭔가 된다거나 또는 덕을 이뤄냈다거나, 다른 사람보다 뛰어나다거나 아니면 적어도 그 사람만큼은 된다거나…."[23]

폰도 출신으로서 동방의 수도영성에 지대한 영향을 주었던 에바그리오스(†499) 사부도 "그 무엇보다도 겸손하지 않으면 수덕을 할 수가 없다. 왜냐하면 겸손 없이는 하느님의 은총을 경시하며 성과를 사유화하기 때문이다. 그렇게 되면 그는 남들을 경멸하고 '그 누구보다도 더 많은 일을 하였다.'라고 말할 것이다."[24]

---

[23] 암모나스, *Κεφάλαια Παραινετικά* 3, ΒΕΠΕΣ 40, 62, 20.
[24] 폰도의 에바그리오스, *Περί της Ταπεινώσεως.* Muyldermans, J., Evagriana

네 번째 원인은 이미 언급한 바와 같이 수행이 수도자들의 품행만을 바꾸는 것이 아니라 인간의 본성조차도 바꾼다는 잘못된 생각에서 출발한다. 그래서 수도자의 작은 잘못 하나가 그 수도자를 재단해버리는 모순을 가져온다. 관련된 주제에 대해 무명의 수도자의 글을 살펴보자.

"너희들은 세속 사람들과 조심스러운 관계를 유지해야 한다. 왜냐하면 일반적으로 그들은 영적 투쟁에 대한 체험이 별로 없어 수도자들을 제대로 직시하지 못하는 실수를 범하곤 하기 때문이다. 그들은 수도자들의 생각과 행실만이 바뀐 것이 아니라 인간의 본성조차도 바뀐 것으로 생각한다. 그들은 수도자들도 정욕에 의해 고통 받으며 영적 투쟁을 하는 인간이라는 사실을 온전히 보지 못하고 육체의 모든 욕구로부터 완전히 벗어난 것으로 여긴다. 이런 잘못된 사고에서 출발한 그들은 수도자들이 조금만 정도에서 벗어나도 예전에 그들을 높이 칭송하고 경탄했던 행동과는 전혀 다른 모습으로 언제 그랬느냐는 듯이 그들을 비난하고 욕하며 비판하는 선봉장에 선다. 그것은 마치 한 선수가 미끄러져 넘어졌을 때 상대선수가 그 위에 올라가 그를 때리는 것과 같다. 이처럼 그들은 수덕에 정진하던 수도자가 정도에서 조금만 벗어나는 잘못을 하게 되면 휠을 쏘듯 일제히 그를 공격하고 비아냥거린다. 그들은 자신들도 매일 정욕의 화살에 상처를 입으면서도 그 사실을 보지 못하고 있는 것이다."[25]

Syriaca, Textes inédits (Bibliothé du Muséon, 31), Louvain : 1952, 147.
[25] 위 바실리오스, *Ασκητικαί Διατάξεις προς τους εν Κοινοβίω και Καταμόνας Ασκούντας* 6, 2, ΒΕΠΕΣ 57, 33, 4.

2. 수도자들은 비난 및 비판과 전쟁한다.

1) 비난과 비판을 금지한다.

우리는 지금 비난과 비판에 대한 수도자들의 입장을 이 책 전체에서 밝히고 있기 때문에 이 주제에 관련해서 특별한 단원을 만드는 것은 무의미하다고 본다. 따라서 이 시점에서 우리는 모든 수도자들의 가르침을 담기보다 비난과 비판과 직접적 연관이 있는 일부 수도자들의 가르침만을 기록하려 한다는 사실을 미리 밝혀둔다.

(1) 금지에 대한 수도자들의 가르침

금지에 대한 구체적인 경우로부터 시작해보자.
금식에 있어 에바그리오스 사부는 한 수녀에게 다음과 같이 말하였다. "만약 당신의 자매가 음식을 먹는다고 측은하게 여기지 마십시오. 그렇다고 당신의 절제를 자랑하려고도 하지 마십시오."[26]
신 신학자 성 시메온은 아르세니오스라는 수도자를 꾸짖었다. 왜냐하면 그가 음식을 먹고 있는 한 형제를 비판했기 때문이었다. 다음의 내용은 니키타스 스티타토스가 기록한 성인의 전기에서 발췌한 것이다.
"언젠가 성인의 친구들이 그를 방문하였다. 하지만 그들 중의 한 명은 병을 앓고 있어 특히 새끼비둘기 고기를 먹어야 하는 상황에 있었다. 그래서 시메온 성인은 깊은 사랑으로 새고기를 구워서 그에게 주라고 지시하였다. 그 형제가 고기를 먹고 있는 가운데 같은 식탁에 앉아 있던 아르세니오스 수도자는 찌푸린 얼굴로 그를 보았다. 시메온

---

[26] 폰도의 에바그리오스, *Παραίνεσις προς Παρθένους* 50. Gress-Mann, Hugo, Nonnenspiegel und Mönchespiegel des Evagrios Pontikos (Texte und Untersuchungen 39, 4b), Leipzig : 1913, 150.

성인은 그 모습을 유심히 지켜보았다. 그때 성인은 그가 자기 자신을 돌봐야 하며 '깨끗한 이들에게는 모든 것이 깨끗하다.'라는 말처럼 먹는 음식이 인간을 더럽히지 못하고 입 밖에서 입 안으로 들어가는 것이 영혼을 오염시키지 않는다는 가르침을 줄 필요를 느꼈다. 또한 식탁에 앉아있는 다른 형제들에게 겸손의 깊이를 보여줘 아직도 하느님의 자녀들이 순종하고 수덕하는 진정한 일꾼이라는 것을 일깨워주고 싶었다. 그래서 성인은 아르세니오스 형제에게 말했다.

"아르세니오스 형제, 왜 자네는 겸손하게 자네 앞에 놓여있는 음식을 먹지 않고 병 땜에 고기를 먹어야 하는 형제를 지켜보면서 자네 머리를 피곤하게 만드는가? 혹시 자네가 채소나 땅에서 수확하는 것을 먹고 비둘기나 반시(半翅)같은 고기를 먹지 않아 고기를 먹는 저 형제보다 경건함에서 더 앞선다고 생각하는가? 자네는 그리스도께서 '밖에서 들어가는 것이 아닌 안에서 나오는 것이 더럽힌다.'라는 - 다시 말해서 음행, 간음, 살인, 시기, 탐욕 등 - 말씀을 듣지 못했는가? 혹시 이성을 잃어 제대로 보지 못하고 생각하지 못하는 것인가? 왜 자네에게 걸맞지 않게 고기를 먹는 그를 비판하는가? 혹시 새의 죽음을 불쌍히 여기고 '먹지 않는 자가 먹는 자를 판단하지 말라.'라는 가르침을 잊어버렸는가? 자네도 이 고기를 먹게. 그리고 자네가 먹는 이 비둘기 고기보다 자네의 생각이 자네를 더욱 많이 더럽혔음을 배우게."27

이후에 계속된 내용을 살펴보면 성 시메온은 아르세니오스를 벌하기 위해 비둘기 고기를 먹게 하였고 그때 아르세니오스 수도자는 순종이 금식보다 더 큰 덕이라는 것을 믿고 엎드려 예를 표한 후 눈물로 고기를 먹기 시작하였다. 그 모습을 본 시메온 성인은 그의 겸손과 순종이 진실된 것임을 확인하고 아직 입에서 삼키지 않은 고기를 뱉

---

27 니키타스 스티타토스, *Βίος και Πολιτεία του.. Πατρός Ημών Συμεών του Νέου Θεολόγου* 50. Haus Herr Irenee, S. I.-Horn, Gabriel S. I., «Vie de Syméon le Nouveau Théologien(949-1022), Par Nicétas Stéthatos» *Orientalia Christiana* 12, Roma : 1928, 66.

2. 수도자들은 비난 및 비판과 전쟁한다.

어 내라고 명하였다고 한다.

이사야(†488) 사부도 다른 형제들이 나태하게 지내는지 아닌지에 대해 관심을 기울이지 말라고 조언한다.

"만약 자네가 합당치 못한 존재라 여기고 겸손하게 일을 한다면 하느님께서 자네의 일을 기쁘게 받아주실 것일세. 하지만 자네의 생각이 교만하여 남이 잠을 잔다거나 나태하게 지낸다고 관여한다면 자네의 수고는 헛된 것이 될 것일세."28

니키타스 스티타토스(†1090)도 이와 유사한 말을 하면서 다음과 같이 강조하였다.

"영혼이 오염되었거나 마음이 깨끗하지 못하다는 것은 단지 정욕에 물들었기 때문만이 아니라 자신의 성과나 덕에 대해 자랑하고 더 나아가 형제의 게으름이나 나태함에 대해 책망하는 것도 해당된다."29

성직자를 비판하지 말라는 금지 또한 분명하다.

시나이인 아나스타시오스(†7세기말)는 다음과 같이 적고 있다.

"만약 네가 성직자의 감춰진 잘못에 대해 듣는다면 너는 어떤 판단도 하지마라. 그리고 성사를 집전하는 그는 '이미 심판 받은 죄인이고 합당치 않아 성령의 은총이 그에게 내리지 않는다'라는 말도 하지 마라. 그런 생각을 갖지 마라…."30

사부집에 어떤 무명의 사부가 음행에 관해서 다음과 같은 지혜로운 가르침을 주고 있다.

"한 사부가 말하였다. '너는 비록 지혜롭게 살지라도 음행하는 자를 판단하지 마라. 그렇게 되면 너 역시 법을 위반하는 것이 된다. 왜냐하면 음행하지 말라고 하신 그분께서는 판단하지 말라는 계명도 주셨기 때문이다.'"31

---

28 이사야, Λόγοι 8, 6.
29 니키타스 스티타토스, Πρακτικά Κεφάλαια 48, PG 120, 873A.
30 시나이인 아나스타시오스, Λόγος περί της Αγίας Συνάξεως, PG 89, 848A.
31 Ανέκδοτο Γεροντικό (미출간된 사막교부들에 관한 필사본), 그리스 국립도

이사야 사부는 좀 더 보편적 주제와 관련하여 말하였다.

"만약 네가 어떤 장소에 가서 머무르려 할 때 너보다 앞서 수도하는 다른 형제들이 있다면 그들의 수행 방법이나 행실이 수도자에 걸맞지 않는다고 탓하지 마라. 만약 네가 거기서 평안을 얻지 못하면 다른 곳으로 떠나라. 하지만 혀를 조심해 그들을 비난하지 마라. 그것은 곧 죽음이니라."32

이집트인 마카리오스 사부 역시 좀 더 일반적인 가르침을 주고 있다.

"그리스도교인들은 모든 것에 투쟁해야 하며 아주 작은 것조차도 판단하지 말아야 한다. 그들 앞에 서 있는 창녀도, 죄인들도, 또한 정도를 벗어난 사람들도 판단하지 말아야 한다. 반대로 모든 사람을 순수한 마음과 깨끗한 눈으로 봐야 한다. 하지만 이런 행실이 지속적이고 자연스럽기 위해서는 그리스도교인들은 누구를 경시하거나 분석하거나 혐오하거나 아니면 구분하지 말아야 한다. 만약 한쪽 눈이 없는 형제를 보면 마음 속에서 그를 장애인으로 구분하지 말고 정상인처럼 그를 여겨야 한다. 만약 손이나 발에 장애가 있으면 사지가 멀쩡한 정상인인 것처럼 여기고 중풍병자를 보면 건강한 사람처럼 여겨라. 마음이 깨끗하다는 것은 죄인들이나 환자들을 보았을 때 공감과 연민을 느끼는 것이다."33

마지막으로 사바 수도원의 안디오호스(†7세기) 사부는 중죄인이라 할지라도 비판을 피하라고 조언한다.

"우리가 남을 판단하거나 비판하는 일은 우리의 영역이 아니라 인간의 마음과 감춰진 정욕을 알고 계시는 위대한 심판관이신 하느님의 영역이다. 누가 감히 자신이 순결한 마음을 가졌다고 자랑할 수 있겠는가? 또 누가 감히 '자신이 죄로부터 깨끗하다'고 말할 수 있겠는가?

서관 필사본2094, f. 67r.
32 이사야, *Λόγοι* 5, 5.
33 이집트인 마카리오스, *Ομιλίαι Πνευματικαί* 15, 13, *ΒΕΠΕΣ* 41, 219, 28-37.

2. 수도자들은 비난 및 비판과 전쟁한다.

그러므로 우리는 잘못을 행한 사람들, 특히 엄청난 죄에 빠진 사람들이나 인간성조차 완전히 말살된 것처럼 보이는 사람들에게조차도 성급하게 그리고 단호하게 그들을 미리 단죄해버려서는 안 된다."[34]

남을 판단하지 말아야 하는 것처럼, 말하는 내용이 진실이라 할지라도 비난해서는 안 된다고 안디오호스 성인은 가르치고 있다.

"누구든지 형제가 그 자리에 없는 상태에서는 아주 사소한 것조차도 그를 폄훼할 목적으로 말해서는 안 된다. 왜냐하면 그런 행위는 말하는 내용이 사실에 부합한다 할지라도 비난이기 때문이다."[35]

(2) 수도자들은 허물을 덮어 주라고 요청한다.

비난과 비판의 회피는 형제들의 허물을 덮어 주는 모습으로 나타난다. 즉, 어떤 잘못을 행한 형제를 판단하지 않는 것만으로는 부족하여 할 수 있는 한 형제의 잘못이 다른 사람에게 알려지지 않도록 막아준다. 이렇게 하면 형제를 도와주는 것은 물론 형제의 잘못을 알게 된 다른 사람들이 비판의 유혹에 빠질 위험을 미연에 방지하게 하는 두 가지 효과를 볼 수 있다. 동시에 형제를 위한 이런 행실은 본인 자신의 허물에 대해 하느님의 자비를 구하게 된다.

언젠가 '형제의 잘못을 덮어 줘야만 합니까?'하고 한 수도자가 피메나 사부에게 묻자 사부는 "우리가 형제의 허물을 덮어 주는 시간에 하느님께서도 우리의 허물을 덮어 주신다."[36]라고 대답하였다.

앙기라의 닐로스 사부는 다음과 같이 말했다.

---

[34] 사바 수도원의 안디오호스, *Λόγοι* 49, PG 89, 1585B, 참조. 바르사누피오스와 요한, *Επιστολαί* 453.
[35] 사바 수도원의 안디오호스, *Λόγοι* 29, PG 89, 1529D, 참조. 앙기라의 닐로스, *Επιστολαί* 3, 111, PG 79, 436B, - 이사야, *Λόγοι* 4, 1 - 시로의 이사악, *Λόγοι* 43, 등등.
[36] 사막 교부들의 금언집, *Ποιμήν* 64, PG 65, 337A.

"우리가 형제들의 잘못을 드러내지 않고, 할 수 있는 한 먼저 그들의 잘못을 덮어 준 후에 차후에 그들의 입장을 공감하면서 잘못을 일깨워 고쳐 주는 것이 옳은 방법이다."[37]

시로스의 성 이사악의 훌륭한 두 가르침으로 이 단원을 마감하려 한다. 첫 번째 가르침은 다음과 같다.

"너는 기뻐하는 자들과 함께 기뻐하고 슬피 우는 자들과 함께 울어 주어라. 그것이 바로 깨끗함의 표시이다. 아픈 자들과는 함께 아파하고 죄인들과는 슬퍼하라. 회개하는 자들과는 기뻐하라. 모든 사람들과 친구가 되어라. 하지만 지혜롭게 자신을 지켜라. 모든 사람의 정욕을 이해하라. 하지만 그런 정욕으로부터 너의 몸을 보호하라. 비록 큰 죄라 할지라도 그 누구의 행실도 비난하지 말라. 너의 옷을 펼쳐 오히려 그를 덮어 주어라. 만약 네가 그의 잘못을 감내할 수 없어 그를 위해 응당한 벌과 부끄러움을 주어야 한다면 최대한 인내를 보이고 그를 경시하지 마라."[38]

두 번째의 가르침은 아래와 같다.

"잘못을 범한 그가 너를 해하지 않는다면 그를 덮어 주어라. 네가 그렇게 함으로서 그에게 다시 일어설 용기를 주고 너 또한 하느님의 자비를 붙들 수 있게 된다."[39]

2) 성인들의 모범

(1) 성인들은 비난도 비판도 하지 않았다.

비난과 비판을 피하는 가장 좋은 방법은 수도자들의 모범적 사례를 살펴보는 것이다. 우리가 아래 모아둔 사례들은 두 가지 측면에서 이

---

[37] 앙기라의 닐로스, *Επιστολαί* 3, 111. PG 79, 436B.
[38] 시로의 이사악, *Λόγοι* 58.
[39] *ibid.*, 1.

2. 수도자들은 비난 및 비판과 전쟁한다.

주제에 접근하고 있다. 첫 번째는 큰 수도자들에게서 볼 수 있는, 남을 판단하지 않는 그들의 수덕의 깊이이고, 두 번째는 그들이 직접 행실로써 보여준 모범이다.

무명의 한 수도자가 시로스의 성 이사악과 한 수도자에 관해 언급하면서 다음과 같이 말하였다.

"온유함과 묵상 속에서 생활하는 사람은 잘못을 행한 사람을 판단하기를 원치 않으며 오히려 매순간 자신을 되돌아본다. 또한 온유함과 묵상을 사랑하는 사람은 이웃의 결점을 보지 않는다."[40]

이집트인 마카리오스 사부는 다음과 같이 말하였다.

"십자성호 이후에 은총은 다음과 같이 작용한다. '모든 지체와 마음을 평화롭게 해준다. 그리고 기쁨에 가득 찬 영혼은 맑은 영혼의 아이처럼 그리스인이나 유태인, 죄인이나 일반인을 비판하지 않는다. 또 내적인 사람은 모든 것을 순수한 눈으로 바라보고 모든 것에 대해 기뻐하며 그리스인과 유태인을 사랑하기를 원한다."[41]

폰도스인 에바그리오스는 의인과 성인을 구분하면서 유사한 견해를 피력했다.

"의인은 남을 저주, 비하 또는 경멸하지 않지만 성인은 모든 사람을 높이고 축복한다."[42] 또한, "의인은 선한 사람과 악한 사람을 구분하여 악한 사람을 보고 측은하게 여기지만, 성인은 그들이 자신보다 너 나은 사람이라고 여긴다."[43]

니키타스 스티타토스는 같은 주제에 대해 어떤 입장을 취하고 있는지 살펴보자.

"누구든지 계명을 실천하려 끊임없이 투쟁을 하는 사람은 어느 순간 이성을 초월한 설명되지 않고 표현할 수 없는 기쁨을 체험한다. 그

---

[40] Επίγραμμα εις τον Ισαάκ τον Σύρο.
[41] 이집트인 마카리오스, Ομιλίαι Πνευματικαί 8, 6. ΒΕΠΕΣ 41, 191, 22.
[42] 폰도의 에바그리오스, Οι Δίκαιοι και οι Τέλειοι 19.
[43] ibid., 7.

때 그는 영적인 존재처럼 음식, 수면 등 물질적 필요성을 느끼지 못한다. 이런 체험을 하는 사람은 그 순간 하느님께서 그를 방문하여 현세에서 육신 없는 내세의 삶을 미리 맛보게 은총을 베푸신 것임을 알아야한다. 이런 행복의 기쁨은 겸손의 선물이며, 신실한 삶이 그 행복의 기쁨을 지속시켜준다. 행복의 옥좌는 무정욕이며 최종목표는 성삼위 하느님이다."

그러면서 그는 계속해서 말하였다.

"누구든지 이런 경지에 이르게 되면 육체의 오감이 그를 붙들지 못한다. 하느님께서 의인이나 악인에게 똑같이 비와 빛을 주시듯이 그 역시 사랑의 빛을 모든 사람에게 비춘다. 그는 모든 것을 사랑하기에 그의 마음은 슬퍼하지 않는다. 오직 하나 그의 마음을 슬프게 하는 것은 좀 더 많은 것을 해주지 못하는 것에 대한 안타까움이다."[44]

우리는 거의 같은 가르침을 그의 『실천집』에서 볼 수 있다.

"무정욕의 단계에 거의 다다른 사람은 하느님에 관계된 것과 세상에 관계된 것을 온전히 구분하게 된다. 특히 그 사람의 영혼의 맑기에 따라 창조물의 아름다움 속에서 창조주를 찾게 되고 성령의 넘치는 빛을 받는다. 모든 것에 대해 언제나 좋은 생각을 갖고 있기에 모든 일에서 언제나 가장 좋은 것을 생각한다. 모든 사람을 거룩하고 순결한 사람으로 바라보고 하느님의 일과 사람의 일에 대해 올바른 판단을 할 수 있다."[45]

그러면 여러 수도자들의 삶을 통해 그 모범적 사례를 살펴보자.

15세 때에 수도자의 길을 택하여 수덕의 참된 모습을 보여준 피메나(†450경) 성인에 대해 살펴보자.

"언젠가 수도자들 중의 몇 명이 피메나 사부를 찾아서 그에게 물어봤다. '만약 예배 중에 형제들이 피곤에 지쳐 졸고 있는 것을 본다면

---

[44] 니키타스 스티타토스, *Φυσικά Κεφάλαια* 43-54, PG 120, 920B-D.
[45] 니키타스 스티타토스, *Πρακτικά Κεφάλαια* 6, PG 120, 893C-D.

그들을 재촉해서 예배가 끝날 때까지 깨어 있도록 해야 합니까?' 그러자 사부는 다음과 같이 대답해 주었다. '나는 지금까지, 어떤 형제가 졸음에 빠지면 그의 머리를 내 무릎에 두고 그의 피곤을 풀어 주었다네.'[46]

또 다른 경우를 살펴보자.

"만약 어떤 형제가 죄를 짓는 것을 보게 된다면 그를 질책하는 것이 옳습니까?" 하고 묻자 사부는 그들에게 대답했다. "나는 지금까지, 그 어떤 이유로 형제가 죄짓는 장소를 우연히 지나게 되었을 때 그를 지나쳐 모른 척 하였다네."[47]

피메나 성인에 대한 세 번째 경우는 다음과 같다.

"언젠가 파이지오스 수도자가 피메나 사부가 보는 앞에서 형제 수도자와 심하게 싸워 머리에서 피를 흘리는 사건이 벌어졌다. 하지만 사부는 그들을 지켜보면서 그들에게 단 한 마디도 하지 않았다. 그 순간 아누브 원장이 들어와서 그 사건을 지켜보게 되었다. 그리고는 왜 그들이 그렇게 싸우도록 가만히 놔두었냐고 피메나 사부에게 물었다. 그러자 사부는 '형제들 아닙니까? 다시 수도생활에 정진할 것입니다.'라고 대답하였다. 그러자 아누브 원장은 '그게 무슨 말입니까? 그들이 하는 짓을 못 봤습니까? 그런데도 그들이 다시 수도에 정진할 것이라니요?' 하고 반문했다. 그러자 피메나 사부가 그에게 '그러면 내가 이 자리에 없어 보지 못했다고 생각하십시오.' 하고 대답하였다."[48]

피메나 사부에 대한 또 다른 경우를 알아보자.

"언젠가 필루시오 도시의 원로가 11명 정도 되는 수도자들이 수도생활을 등한시한 채 공중목욕탕도 다니며 도시를 배회한다는 소식을 접했다. 그러자 모임이 있던 어느 날 그 원로는 그들의 수도복을 벗

---

[46] 사막 교부들의 금언집, Αββάς Ποιμήν 6, 2, PG 65, 344C.
[47] ibid., 113, PG 65, 352A.
[48] ibid., 173, PG 65, 364BC.

겨 버렸다. 하지만 뒤늦게 그 사실을 후회했다. 마음이 혼란한 그는 수도복을 든 채 피메나 사부를 찾아가 그에게 일어난 일들을 말하였다. 원로의 말을 다 들은 사부는 그에게 말했다. '혹시 당신은 당신 속에 있던 과거의 인간을 완전히 다 지워 버렸습니까? 완전히 그 모습을 버렸습니까?' 원로는 그에게 대답했다. '아직 과거의 인간을 지니고 있습니다.' 그러자 사부는 그에게 말했다. '그것 보시오. 당신도 아직 죄에서 완전히 벗어나지 못하고 조금이라도 과거의 모습을 수도자들처럼 지니고 있지 않습니까? 원로는 사부의 말을 듣고 수도원으로 돌아가 형제들을 불러 모았다. 그리고 수도복을 벗긴 수도자들에게 용서를 구하고 다시 수도복을 입혀 주었다."[49]

마지막으로 피메나 사부에 대한 이야기를 보자.

"수도원에서 수행하던 한 수도자가 큰 죄를 범했다. 그런데 그 사실을 동료 수도자가 그 지역에서 수십 년간 은둔생활을 하던 수도자에게 전했다. 은둔 수도자는 죄를 지은 그 수도자를 수도원에서 내쫓으라고 충고해 줬다. 수도원에서 쫓겨난 수도자는 절망한 채 깊은 도랑에 빠져 슬피 울기 시작했다. 때마침 피메나 사부에게 가기 위해 그곳을 지나던 몇 명의 형제들이 울음소리를 들었다. 그리고 깊은 도랑에서 서글피 우는 그를 발견하였다. 그들은 그에게 피메나 사부에게 함께 가자고 권하였지만 그는 '나는 죄를 진 몸, 차라리 이곳에서 죽고 싶다.'라고 하면서 가지 않았다. 피메나 사부를 방문한 그들은 그 형제의 일을 사부에게 알렸다. 그러자 사부는 그들을 다시 그 형제에게 보내 피메나 사부가 만나길 원한다고 전하고 데려오라고 하였다. 잠시 후 그들은 그 형제를 사부에게 데려왔다. 사부는 그에게 호의를 가지고 대하며 음식을 권했다. 동시에 그의 제자 중 한 명을 은둔수도자에게 보내 다음과 같이 전했다. '나는 아주 오래전부터 형제가 보고 싶었소. 왜냐하면 당신에 대해 익히 소식을 접하고 있었기 때문이지요.

---

[49] *ibid.*, 11, PG 65, 324D-325A.

하지만 우리 둘 다 여러 가지 바쁜 일로 서로 만나지 못했는데 하느님께서 우리의 만남을 원하시고 그 기회를 주셨으니 다소 수고스럽지만 이곳으로 오셔서 얼굴을 뵈었으면 하오.' 은둔수도자는 오랜 기간 동안 그가 수도하는 거처에서 나오지 않았지만 사부의 요청을 들은 후 '하느님께서 뜻하신 바가 없다면 사람을 보내어 나를 부르지 않았을 것이다.'라고 생각하고 사부를 만나기로 하였다. 그 둘은 서로 기쁘게 인사하고 자리에 앉았다. 그러자 피메나 사부가 그에게 말했다. '언젠가 한 장소에 두 사람이 있었는데 그들 각자는 한 명의 주검을 가지고 있었지요. 그런데 한 사람이 갑자기 자기의 주검을 놔두고 옆 사람의 주검으로 가서 울기 시작했답니다.' 그 말을 듣자 은둔수도자는 그가 한 행동을 기억하고 양심의 가책을 느꼈다. 그리곤 다음과 같이 말했다. '피메나 사부는 저 높은 하늘 위에 있고 나는 저 땅 속 깊은 곳에 있구나!'"[50]

『사부집』에서 우리는 무명의 한 사부의 짤막한 가르침을 볼 수 있다.

"한 사부가 형제가 죄 짓는 것을 보고 슬피 울며 말했다. 그 형제는 오늘이요, 나는 내일이구나."[51]

페르시아인 요한 사부에 대해서 살펴보자.

"언젠가 마귀 들린 어린이가 치료받기 위해 이집트의 한 수도원을 방문하였는데 수도자들이 그를 맞아들였다. 때마침 요한 사부가 밖으로 나오면서 그 아이와 죄를 짓고 있는 한 수도자를 보았는데 사부는 그를 꾸짖지 않고 혼자 속삭였다. '하느님께서 그들을 창조하시고 그들을 지켜보시고 그들을 벌하지 않으시는데 내가 누구라고 그들을 꾸짖을 수 있단 말인가?'"[52]

---

[50] Ἀνέκδοτο Γεροντικό, 참조. 각주31, ff. 65ᵛ - 66ᵛ.
[51] ibid., f. 47ᵛ.
[52] 사막 교부들의 금언집, Ἰωάννης ὁ Πέρσης 1, PG 65, 236C.

모세 사부의 생애에서 잘 알려지지 않았던 교훈적인 내용을 살펴보자.

"어떤 형제가 생각으로 죄를 범했다. 나중에 이 문제로 수도자들의 모임이 있었을 때 모세 사부를 요청하였으나 그는 그 자리에 오기를 원치 않았다. 그러자 원로수도자가 그에게 사람을 보내어 '사람들이 당신을 기다리고 있으니 와주십시오.' 하고 전하였다. 그들의 계속된 요청에 사부는 모래를 가득담은 낡은 짚 바구니를 등에 지고 그 모임에 참석하기 위해 길을 떠났다. 환영하기 위해 나온 수도자들이 사부를 보고는 '왜 등에 바구니를 지고 오십니까?'하고 여쭤보았다. 그러자 사부는 다음과 같이 대답하였다. '내가 내 등에서 흘러내리는 모래를 보지 못하듯이 내 죄들이 흘러내리고 있네. 그런데 내가 남의 잘못을 판단하기 위해 무엇을 할 수 있겠는가?' 그의 말을 들은 형제들은 죄를 지은 형제에게 아무 말도 하지 못했을 뿐만 아니라 오히려 그에게 용서를 구했다."53

암모나 사부에 관한 가르침을 알아보자.

"암모나 사부는 높은 덕을 쌓음으로써 악을 알지 못했다. 그가 주교가 되었을 때 사람들이 그에게 혼전 임신한 처녀를 데려와서 말했다. '이러저러한 사람이 처녀를 이 지경으로 만들어서 데려왔습니다. 그러니 그 둘에게 벌을 주십시오.' 그러자 사부는 그녀의 배에 십자성호를 해 주었다. 그리곤 제자에게 여섯 쌍의 시트를 그녀에게 내주라고 하명한 후 데려온 사람들에게 '애를 낳으러 가는 중에 그녀가 죽거나 아기가 죽을 수도 있는데 장례 때 필요한 것이 하나도 없어 여섯 쌍의 시트를 내주는 것이니 그리 아시게.'라고 말했다. 하지만 그녀를 비난하는 사람들은 왜 그렇게 하냐고 그 둘에게 벌을 주라고 다시 요청하였다. 그러자 사부는 그들에게 대답하였다. '내가 어떻게 하기를 원하는가? 자네들 눈에는 그녀의 죽음이 보이지 않는가?' 하면서 그녀를

---

53 Ἀνέκδοτο Γεροντικά, 참조. 각주31, f. 65ᵛ.

보내주었다."⁵⁴

　마지막으로 마카리오스 대 사부의 생애에 관한 이야기를 살펴보자. "이집트인 마카리오스 사부는 30년 동안 켈리⁵⁵에서 밖으로 나가는 일 없이 수도 생활을 하였다. 가끔가다 한 사제가 그를 방문하여 그를 위해 성찬예배를 드리곤 하였다. 그런데 한번은 사탄이 사부의 높은 덕을 보면서 그를 괴롭히려고 나쁜 짓을 꾸몄다. 사탄은 마귀 들린 한 사람을 그에게 보내어 마치 기도하기 위해 온 것처럼 하였다. 그리고 조심스럽게 입을 열어 사부에게 말했다. '당신을 방문하는 사제는 죄인입니다. 그러니 그가 당신을 찾아오지 못하게 하십시오.' 그러자 마카리오스 사부는 '형제여, "남을 판단하지 마라. 그러면 판단 받지 않을 것이다."라고 기록되어 있지 않느냐?' 하고 대답하였다. 그러면서 사부는 '사제가 비록 죄인이라 할지라도 주님께서 그를 용서하실 것이다. 그리고 나는 개인적으로 사제보다 더 큰 죄인이다.' 하고 말하였다. 사부는 이 말을 마치자마자 기도를 했고 그 사람 안에 들어있던 사탄을 쫓아 버리고 그를 다시 온전한 사람이 되게 해 주었다. 언제나 그랬던 것처럼 어느 날 사제가 다시 사부를 찾아왔을 때 사부는 그를 기쁘게 맞이하였다. 하느님께서는 사부의 그런 순수함을 보시고 그에게 힘을 북돋아주기 위해 특별한 은총을 베푸셨다. 그러자 마카리오스 사부는 사제가 제단에 다가서는 그 시간에 하늘에서 한 천사가 내려와 사제의 머리 위에 손을 얹는 것을 보았다. 그리고 봉헌물 앞에 서 있던 사제는 불기둥처럼 되었다. 이런 광경을 놀라움 속에 지켜보고 있던 성인은 '나의 사람이여, 왜 그대는 그런 모습에 놀라워하는가? 세상의 왕도 자신 앞에서 그의 신하들이 귀한 옷을 입게 하거늘 하늘의 영광 앞에서 거룩한 성사의 집전자들이 더러운 상태로 서 있는 것을 하늘이 어떻게 용납하겠는가?' 하는 음성을 들었다. 마카리오스 사

---

54 암모나 수도원장, *Αποφθέγματα* 8, ΒΕΠΕΣ 40, 46, 29-38.
55 수도자들의 기도 공간(독방, 거처).

부가 이와 같은 하느님의 은총을 누릴 수 있었던 것은 바로 사제를 판단하지 않았기 때문이었다."⁵⁶

위에 언급한 내용의 결론으로서, 우리는 마카리오스 성인을 두고 "눈앞에서 나쁜 것을 보고 들었을 때 마치 듣지도 보지도 않은 것처럼 하였다."⁵⁷는 사람들의 말로 갈음할 수 있을 것이다.

(2) 성인들은 다른 사람들의 잘못을 덮어주었다.

성인들은 단지 비난과 비판을 하지 않았을 뿐만 아니라 다른 사람들의 잘못을 덮어주었다. 우리는 지난 단원에서 이집트의 마카리오스 성인에 대한 가르침을 보았는데『수도금언집』에는 성인에 대한 다음과 같은 평판이 기록되어 있다.

"하느님께서 세상을 감싸주고 계시듯이 마카리오스 사부 역시 다른 사람들의 결점을 덮어줌으로써 사람들은 대 사부이신 마카리오스를 두고 '지상의 하느님이 되었다.'라고 말하곤 했다."⁵⁸

암모나 사부에 관해서는 다음과 같은 이야기가 전해진다.

"언젠가 암모나 사부가 식사를 하기 위해 어떤 장소에 멈췄다. 그런데 그 근처에는 나쁜 소문이 돌던 한 수도자가 살고 있었디. 때마침 암모나 사부가 도착했을 때 비난을 받고 있던 수도자와 관계를 갖던 여인이 그의 켈리에 방문했다는 소식이 퍼져 시끄러웠다. 그 지역에 살던 사람들은 수도자를 쫓아내기 위해 모였는데 때마침 그곳에 암모나 주교가 왔단 소식을 듣고 그들의 계획을 도와달라고 요청하였다. 그를 내쫓기 위한 계획을 들은 수도자는 급히 여인을 큰 광주리 속으로 들여보냈다. 그때 암모나 사부가 사람들과 함께 그곳에 도착했다.

---

56 Ἀνέκδοτο Γεροντικό, 참조. 각주31, ff. 64v - 65r.
57 이집트의 마카리오스, Ἀποφθέγματα 32, ΒΕΠΕΣ 42, 256, 4.
58 ibid., 32, ΒΕΠΕΣ 42, 265, 1-3.

하지만 주교는 수도자의 행동을 눈치채었고 '하느님을 위해 그 일을 감춰주었다.' 켈리에 들어온 주교는 여인이 숨어있는 광주리 위에 앉아서 사람들에게 여인을 찾으라고 명령하였다. 모든 곳을 샅샅이 찾아본 사람들이 여인을 찾지 못하자 암모나 사부는 사람들에게 다음과 같이 말했다. '당신들이 한 이런 행동들이 뭐요? 하느님께서 당신들을 용서해 주시기 바라오.' 사람들이 떠난 후 기도를 마친 사부는 수도자의 손을 잡고 '형제여, 당신 자신을 잘 살피고 지키시오.'라고 말한 후 떠나갔다."[59]

암모나 사부의 이야기에 대해 가자의 성 도로테오스는 어떻게 설명하고 있는지 보자.

"사람들이 흥분해서 암모나 사부를 찾아와 '사부님, 어떤 여인이 수도자의 방에 있습니다. 어떻게 했으면 좋겠습니까?' 하고 물었을 때 암모나 사부가 어떻게 처신했는지 어떤 연민을 보여줬는지 보았는가? 그는 형제가 광주리 밑에 여인을 숨긴 것을 알고 그 위에 앉아 사람들에게 그 방을 뒤져보라고 명령하고선 사람들이 아무것도 찾지 못하자 '하느님께서 당신들을 용서하시길 바란다.'는 짤막한 말로 그들을 부끄럽게 하면서 동시에 이웃에 대해 쉽게 비난을 하지 말아야 한다는 가르침을 주었네. 또한 처음에는 수도자의 잘못을 감싸주었지만 사람들이 다 떠난 후 적당한 때에 그의 손을 잡으면서 '형제여, 당신 자신을 살피고 조심하시오.'라는 말로 그의 잘못을 일깨워 주었다네. 바로 그 순간 죄를 지은 형제는 양심의 가책과 부끄러움을 느끼고 신실한 자세를 갖게 되었지. 이렇듯 사부의 자애와 공감은 형제의 영혼에 직접적으로 작용을 하였다네."[60]

---

[59] Αποφθέγματα Περί του Αββά Αμμωνά 10, ΒΕΠΕΣ 40, 47, 3-17.
[60] 가자의 도로테오스, op. cit., 6, 69.

3) 비난과 비판은 죄이다

(1) 수도자들은 무엇을 가르쳤는가?

비난과 비판은 사탄에 의해 이루어지는 소행이라는 것이 수도자들의 공통된 의견이다. 우리가 이미 언급했던 클리막스의 성 요한의 가르침은 그것을 분명히 밝혀주고 있다.

"사탄은 다양한 방법을 통해 우리가 죄를 짓게끔 만든다. 하지만 그런 노력이 성공하지 못하면 우리로 하여금 죄 짓는 사람들을 비판하게 만든다."[61]

시로스의 성 이사악은 우리가 남의 잘못을 찾아내려고 하는 것을 사탄의 소행으로 보았다.[62] 성 사바 수도원의 안디오호스 성인도 비난을 "결코 평화롭지 않고 분쟁이 있는 곳에 머무는 못된 사탄의 행위"[63]처럼 특징지었다.

따라서 비난과 비판은 말할 것도 없이 영혼을 더럽히고 훼손시킨다.[64] 그리고 이 훼손은 비난을 하는 사람의 영혼만이 아니라 비난을 받아들이는 사람의 영혼도 해당된다. 그러므로 누구든지 남을 비난하면 두 가지 죄를 짓는다. 이와 관련하여 성 사바 수도원의 안디오호스 성인의 가르침을 살펴보자.

"비난하는 사람은 그 자신뿐만 아니라 그의 말을 듣는 사람에게도 해를 입힌다. 비난하는 자는 듣는 사람들을 혼란하게 하고 그의 어리석은 행위에 동참시킨다. 이렇게 그는 그의 말을 믿는 사람들뿐만 아니라 그 자신이 지은 죄까지도 책임을 져야하는 두 배의 죄를 짓는다."[65]

---

[61] 요한 클리막스, *Λόγος* 10, 13.
[62] 시로의 이사악, *Λόγοι* 60.
[63] 사바 수도원의 안디오호스, *Λόγοι* 60, PG 89, 1529D.
[64] 니키타스 스티타토스, *Πρακτικά Κεφάλαια* 48, PG 120, 873A.
[65] 사바 수도원의 안디오호스, *Λόγοι* 29, PG 89, 1529C.

2. 수도자들은 비난 및 비판과 전쟁한다.

탈라시오스 성인도 거의 같은 가르침을 주고 있다.

"비난하는 자의 영혼은 매우 나쁜 혀를 가지고 있다. 그는 자신뿐만 아니라 듣는 사람까지도 해를 입히며 때때로 비난의 대상에게도 손상을 입힌다."[66]

여기서 탈라시오스 성인의 "때때로"라는 표현은 비난의 대상이 언제나 해를 입는 것이 아닐 수 있다는 개연성을 제시한다. 반면에 안디오호스 성인은 더 유익할 수 있다고 인식하고 '그들을 비난하고 있다고 생각하는 우리는 오히려 그들의 짐을 덜어준다.'[67]라고 말하였다. 그런데 또 다른 수도자들은 해롭다고 믿는다. 그리고 클리막스의 성 요한은 비난으로는 사람이 고쳐지지 않는다고 주장한다.[68]

우리가 판단하기론 탈라시오스 성인은 상황에 대해 좀 더 분명한 잣대를 가지고 자신의 입장을 표명한 것으로 생각된다. 이 문제는 인간 영혼이 가지고 있는 신비로운 부분에 속한다.

위의 가르침은 가자의 도로테오스 성인의 '먼저 비판하고 후에 비난하는 것이야 말로 가장 무거운 죄다.'라는 가르침으로 연결되고 있다.

"이웃을 판단하는 것이 얼마나 무거운 죄라는 것을 보았는가? 그것보다 더 무거운 죄가 있는가? 남을 판단하는 것보다 더 나쁜 것이 없다는 교부들의 가르침에 따른다면 하느님께서 혐오하고 미워하는 또 다른 것이 존재하수 있겠는가?"[69] 이어서 성인은 "이웃을 비난하거나 비판하거나 폄훼하는 것만큼 하느님의 분노를 자극하는 것이 없다."[70]라고 말하였다. 성 사바 수도원의 안디오호스 성인도 "비판은 모든 것 중에서 가장 나쁜 것이다."[71]라고 말하였다. 특별히 비난이 짓는 죄에

---

[66] 탈라시오스, Περί Αγάπης και Εγκρατείας και της κατά Νούν Πολιτείας 3, 48, PG 91, 1452D.
[67] 사바 수도원의 안디오호스, Λόγοι 49, PG 89, 1585A.
[68] 요한 클리막스, Λόγος 10, 3.
[69] 가자의 도로테오스, *op. cit.*, 6, 69.
[70] *ibid.*
[71] 사바 수도원의 안디오호스, Λόγοι 49, PG 89, 1585A.

대해 수도자들은 비난은 단지 자신만이 아니라 듣는 사람도 죄를 짓게 만든다고 말하였다.

성 안디오호스는 다음과 같이 충고하고 있다.

"가장 좋은 것은 그 누구도 남을 비판하지 않는 것이며 또한 비난하는 사람의 말을 즐겁게 듣지 않는 것이다. 만약 비난하는 자의 말을 귀담아 믿게 되면 듣는 사람도 비난하는 자와 똑같은 죄를 범하는 공범이 되는 것이다."[72]

성 대 바실리오스는 다음과 같이 가르쳤다.

"어떤 형제에 반하여 비난하는 자, 또는 그의 말을 듣고 받아들이는 사람은 파문에 합당하다."[73]

(2) 수도자들에게 죄의 결과는 무엇인가?

죄로서의 비난과 비판은 심각한 결과를 초래한다. 첫 번째는 하느님으로부터의 단절이다. 이사야 사부는 형제를 판단하고 비판하고 폄훼하는 사람을 향해 다음과 같이 말했다.

"그런 사람들은 성인들이 만끽하는 하느님의 자애로부터 자신을 스스로 단절시킨다."[74]

가자의 성 도로테오스도 "형제의 비난이나 비판, 폄훼만큼 자신을 단절시키고 벌거벗게 하는 것이 없다."[75]라고 말하였다. 니키타스 스티타토스도 같은 가르침을 주었다. "수덕을 쌓는 이들이 단절되는 원인은 허영, 비판 그리고 자신들이 쌓은 덕에 대한 자랑이다."[76]

계속해서 니키타스 스티타토스는 단절은 그 결과로서 추락을 가져

---

[72] 사바 수도원의 안디오호스, Λόγοι 49, PG 89, 1529CD.
[73] 대 바실리오스, Ὅροι κατ' Ἐπιτομίν, 26, ΒΕΠΕΣ 53, 242, 13.
[74] 이사야, Λόγοι 23, 3.
[75] 가자의 도로테오스, op. cit., 6, 69.
[76] 니키타스 스티타토스, Πρακτικά Κεφάλαια 47, PG 120, 872D.

2. 수도자들은 비난 및 비판과 전쟁한다.

온다고 말한다.

"네가 어렵고 고된 삶을 겪는 것에 대해 이상하다 여기지 마라. 그것은 네가 말이나 생각 등 육적 잘못에 빠져 하느님으로부터 단절되었기 때문이다. 그 잘못은 네 것이고 그 원인 역시 너에게 있다. 만약 진실로 네 자신이 남보다 우월하다는 교만에 빠지지 않았거나 형제가 인간적 나약함에 빠져 있었을 때 그를 판단하지 않았었다면 너는 하느님의 의로운 심판으로부터 버림받지 않았을 것이다."[77]

그리고 비난과 비판이 가져오는 이 추락은 수도자들이 말하는 것처럼 "죽음"[78], "영혼의 죽음"[79]이다. 보이오티아인 이사야는 이와 관련하여 다음과 같이 말했다.

"이 세대에서 수도자들의 영혼을 잃게 하는 것은 서로 비난하고 비판하는 것 말고는 아무것도 없다."[80]

비난과 비판을 일삼는 자는 '자신의 영혼을 죄짓게 하는 것'[81]만이 아니라 '적 그리스도'[82]가 된다.

물론 이런 상태 속에서는 모든 수도생활이 허사가 된다. 이 점에 있어서 이사야 사부는 우리에게 많은 것을 제시한다. 그는 "어떤 수도자가 자신의 역할을 충실히 수행하면서 동시에 다른 형제들의 나약함을 생각하고 있다면 그의 수고는 열매 맺지 못한다."[83] 하고 말하였다. 또한 "비난과 비판은 수덕의 고행을 의미 없게 만들며 좋은 열매를 못 쓰게 만든다."[84]라고 강조하였다. 회개와 관련해서도 똑같다.[85] 이사야

---

[77] ibid. 53, PG 120, 873D-876A.
[78] 이사야, Λόγοι 5, 5.
[79] 시로의 이사악, Λόγοι 43.
[80] 보이오티아인 이사야, Αποσπάσματα Λόγων.
[81] 가자의 도로테오스, op. cit. 6, 74.
[82] 시나이인 아나스타시오스, Λόγος περί της Αγίας Συνάξεως, PG 89, 845B.
[83] 이사야, Λόγοι 8과 6.
[84] ibid., 23, 3.
[85] ibid., 8, 19.

사부는 강하게 자신의 입장을 피력하였다.

"겸손이란 남의 나태함을 책망하거나 남을 경시하는 말을 하지 않는 것이다. 겸손한 사람은 남의 결점을 보는 눈이 없으며 영혼에 유익함이 없는 말을 듣는 귀가 없고 다른 사람과 자신이 전혀 차이가 없는 사람이라고 생각한다. 그는 오직 자신의 죄에 대해서만 생각한다. 인간적인 대인 관계가 아닌 하느님의 계명에 따르기 때문에 진정으로 모든 사람과의 관계가 평화롭다. 만약 누군가 금식을 한다고 일 주일에 단 한번만 식사를 하면서 더 큰 수도에 정진한다 할지라도 위에 언급한 겸손한 자세의 삶을 견지하지 않는다면 그의 모든 수고는 허사가 된다."[86]

4) 비난과 비판은 그리스도교의 가르침을 위반한다.

수도자들에 따르면, 비난과 비판의 죄를 범하는 사람들은 그리스도교의 기본적 가르침인 신학과 교회학을 위반하게 된다.

(1) 신학의 위반

이 주제와 관련해서, 수도자들은 다른 사람에 대한 판단이 한편으로는 하느님의 역할 특히 종말과 관련되어 있고, 또 다른 한편으로는 인간의 권한 밖에 있다고 보았다. 따라서 사람이 누구를 판단하는 행위는 그의 권한 밖의 일, 즉 하느님을 욕되게 하는 행위였으며 수도자들은 이런 그들의 입장을 여러 가지 방법으로 표명하였다.

수도자들은 판단이 행해지는 시점이 아직 이르다고 말한다. 왜냐하면 진정한 심판의 시간은 아들의 재림과 함께 하기 때문이다. 그래서

---

[86] *ibid.*, 8, 7.

2. 수도자들은 비난 및 비판과 전쟁한다.

알렉산드리아의 대주교인 자선가 요한은 "때가 오기 전에 판단하는 것은 계명을 어기는 것이다."[87]라고 말하였다.

판단의 행위는 우리의 일이 아니라 하느님의 역할이다. 성 사바 수도원의 안디오호스 성인은 다음과 같이 가르치고 있다.

"남을 판단하거나 비판하는 것은 우리의 일이 아니라 우리 마음과 인간의 감추어진 정욕조차도 알고 계신 심판관 하느님의 일이다."[88]

그럼에도 우리 인간은 그 뜻에 부합되지 않게 미리 앞서 남을 재단하고 '심판관이신 하느님께 맡기지 않는다.'[89] 이것은 결국 하느님의 역할을 우리가 빼앗아 버리는 행위이다.

클리막스의 성 요한은 "누구든지 남을 판단하는 것은 수치스러운 줄도 모르고 하느님의 권한을 강탈하는 것이다."[90]라고 하였다.

시나이 사람 아나스타시오스 성인은 좀 더 강한 어조로 같은 말을 하고 있다.

"그리스도의 재림 이전에 남을 미리 판단하는 사람은 적 그리스도이다. 왜냐하면 그리스도의 권한을 강탈하기 때문이다."[91]

성 도로테오스는 『사부집』의 내용을 일부 발췌해 우리에게 다음과 같은 교훈을 주고 있다.

"내가 항상 강조하는 것처럼, 이웃을 비판하고 폄훼하는 것처럼 무겁고 나쁜 것은 없다. 왜 우리는 누구보다 더 잘 알고 있는 우리 자신과 또한 하느님 앞에서 고백해야 하는 우리의 죄를 비판하지 않고 하느님의 심판을 강탈하려 하는지, 또 무엇 때문에 그분의 창조물들을 찾아 헤매고 있는지를 깊이 반성해야 한다. 한 형제가 음행의 죄에 빠

---

[87] 번역자 시메온, *Ιανουάριος, Βίος Ιωάννου Αλεξανδρείας του Ελεήμονος* 67, PG 114, 953B.
[88] 사바 수도원의 안디오호스, *Λόγοι* 49, PG 89, 1585A.
[89] 이사야, *Λόγοι* 8, 19.
[90] 요한 클리막스 *Λόγος* 1, 15.
[91] 시나이인 아나스타시오스, *Λόγος περί της Αγίας Συνάξεως*. PG 89, 845B. 참조. 고백자 막시모스, *Κεφάλαια περί Αγάπης* 3, 53, PG 90, 1033A.

졌다는 소식을 듣고 '이 얼마나 흉악한 짓을 한 것인가!'라고 비판했던 대 수도자의 말이 얼마나 무서운 말이었는가를 우리는 『사부집』의 아래 가르침을 통해 살펴볼 수가 있다.

'음행의 죄를 지은 형제가 죽자 천사가 그의 영혼을 대 수도자에게 데려와 말했다. 보라, 여기 네가 비판했던 형제가 죽었다. 자, 이제 그를 어디로 보내야 하는가? 하느님 왕국인가 아니면 지옥인가?'

계속해서 도로테오스 성인은 다음과 같이 말했다.

"'이 결정의 순간보다 더한 중압감이 있겠는가? 과연 천사의 말이 무엇을 의미하겠는가?' 그것은 곧, '수도자여, 네가 의인과 죄인의 심판관이니 이 보잘 것 없는 영혼을 벌할 것인지 아니면 불쌍히 여길 것인지 명령을 내리라는 말과 무엇이 다르겠는가?' 그 수도자는 천사의 이 말에 엄청난 충격을 받고 여생을 한숨과 눈물 그리고 끝없는 수행으로 보내면서 그가 범한 죄를 용서해 달라고 하느님께 기도하면서 살았다."[92]

비난과 비판이 하느님을 욕되게 하는 것이라는 위의 가르침의 결론은 보이오티아인 이사야 사부의 "이웃을 비난하고 비판하는 사람은 자기 자신을 하느님으로 만드는 것이다."[93]라는 말씀으로 대신할 수 있을 것이다.

(2) 교회학의 위반

비난과 비판은 반 사회적 행위라고 강조하는 수도자들의 입장을 모아보았다.

제일 먼저 누구든지 남을 비판하는 사람은 죄에 대해 모든 사람이 공동책임이 있는 공동운명체라는 사실을 간과한 것이다.

---

[92] 가자의 도로테오스, op. cit., 6, 71.
[93] 이사야, Αποσπάσματα Λόγων.

2. 수도자들은 비난 및 비판과 전쟁한다.

시로스의 성 이사악은 "죄인을 미워하지 말라. 우리 모두가 책임자"94라고 말하였다.

앙기라의 성 닐로스도 같은 가르침을 주고 있다.

"옆에 사람이 죄를 지으면 한숨을 내쉬어라. 그래야 네 자신에 대해서도 한숨을 내쉴 수 있을 것이다. 우리 모두는 죄에 있어 책임자이다."95

은둔자 성 요한도 같은 맥락의 가르침을 주고 있다.

"우리가 가장 큰 죄인이라는 인식을 가져야 한다. 또한 형제의 죄를 우리의 것처럼 여기고 형제를 죄에 빠뜨린 사탄을 미워해야 한다."96

교부들의 금언에서도 같은 정신으로 가르치고 있다.

"언젠가 한 수도원의 원로가 죄에 빠진 형제를 교회에서 내쫓아냈다. 그때 비사리온 사부가 자리에서 일어나 '나 역시 죄인입니다.' 하면서 쫓겨난 형제와 함께 밖으로 나갔다."97

모든 그리스도교인들이 죄에 있어 공동책임이라는 인식은 모두가 하나의 유기체라는 것에 기인한다. 이 유기체는 그리스도의 몸, 즉 교회이다. 비난과 비판으로 형제를 욕보이는 행위는 그리스도를 욕보이는 것과 같다. 왜냐하면 그런 행위는 몸의 한 지체를 떼어내는 것이기 때문이다. 그래서 이사야 사부는 말하길 비난하고 비판하는 사람의 수행은 허사이다. '왜냐하면 그리스도의 지체를 떼어 버렸기 때문이다.'98라고 하였다.

위에 말한 것을 좀 더 깊이 이해하기 위해서 성 도로테오스는 우리에게 아주 훌륭한 예를 들어 주었다.

---

94 시로의 이사악, *Λόγοι* 60.
95 앙기라의 닐로스, *Γνώμαι Απάγουσαι των Φθαρτών και Κολλώσαι τοίς Αφθάρτοις τον Ανθρωπον* 69, PG 79, 1248A.
96 바르사누피오스와 요한, *Επιστολαί* 453.
97 사막 교부들의 금언집, *Βησαρίων* 7, PG 65, 141B.
98 이사야, *Λόγοι* 8, 19.

"형제들이여, 우리는 이웃에게 사랑과 연민을 가져야만 한다. 그래서 이웃을 비난하거나 비판, 그리고 폄훼하는 중대한 죄로부터 우리 자신을 지켜야 한다. 우리는 마치 한 몸처럼 서로 도와주어야 한다. 누가 손이나 발 또는 몸의 한 부분에 상처가 나서 썩어 들어간다고 자신을 혐오하거나 상처를 쉽게 도려내겠는가? 오히려 그 상처를 깨끗이 씻어내고 약을 바르고 십자성호를 그으며 성수를 뿌리고 기도하고 아픈 형제를 위해 성인들의 중보기도를 요청하지 않겠는가? 한마디로 그의 지체를 포기한다거나 상처의 고약한 냄새를 피하기보다는 그 상처가 아물도록 온갖 방법을 찾아 최선을 다하지 않겠는가?"[99]

---

[99] 가자의 도로테오스, *op. cit.*, 6, 77.

3. 수도자들은 비난과 비판이 왜 나쁜 것인가에 대해 설명한다.

1) 인간의 판단은 온전하지 못하다.

수도자들은 비난과 비판을 단지 죄라는 것에 국한시키지 않고 주관적이든지 객관적이든지 그 죄의 바탕을 이루는 전제도 옳지 못함을 설명하려 노력한다. 우리는 여러 가지 가르침들을 통해 4개의 전제에 대한 결론을 도출할 수 있다.

(1) 우리들의 직관은 실수한다.

팔레스타인의 가자 근처에 있는 세리도스 사부의 수도원에서 대 사부인 바르사누피오스와 함께 살았던 은둔자 요한은 안드레아 수도자의 편지에 답하면서 다음과 같이 그를 가르쳤다.
"형제의 잘못이 사실이라고 너는 말하지만 그것이 진짜 사실이라는 것을 네가 장담할 수 있겠느냐? 일부의 경우에는 의심에 기초한 것이어서 말한 내용이 진실이 아닌 경우가 더러 있다."[100]
클리막스의 성 요한은 분명하게 밝히고 있다.
"네 눈으로 직접 목격했다 해도 비판하지 말아라. 많은 경우에 그것조차도 그릇됨에 빠지기 때문이다."[101]
우리의 눈에 신뢰를 주지 말라는 의미에 대해서 『사막 교부들의 금언집』에 좋은 사례가 있다.
"언젠가 일리아 사부가 말했다. '언젠가 포도주가 가득 담긴 호리병을 겨드랑이에 낀 형제를 보았다. 나는 이것이 환영임을 드러내고 사

---
[100] 바르사누피오스와 요한, *Επιστολαί* 189.
[101] 요한 클리막스, *Λόγος* 10, 18.

탄에게 수치를 주기 위해 그 형제에게 '미안하지만, 이것 좀 붙잡아 줄 수 있겠는가?' 하며 부탁하였다. 그러자 형제는 내 부탁을 들어주기 위해 팔을 벌렸는데 그에게는 아무것도 들려있지 않았다. 지금 내가 너희에게 이 말을 하는 이유는 너희의 눈으로 보았든 아니면 귀로 들었든 간에 그것을 사실로 받아들이지 말라고 말하기 위함이다. 하물며 머릿속으로 생각하는 것들이야 얼마나 신뢰할 수 있겠느냐? 그런 생각들은 너희 영혼을 더럽히고 손상을 입혀 온전히 너희들의 죄와 하느님을 생각하지 못하게 한다."102

『사부집』에는 이와 유사한 피메나 사부의 가르침이 있다. 그 가르침의 앞부분은 우리가 이미 언급한 바 있지만 나머지 부분을 좀 더 쉽게 이해하기 위해 다시 한 번 짚어보고 그 나머지 부분도 살펴보자.

"만약 어떤 형제가 죄를 짓는 것을 보게 된다면 그를 질책하는 것이 옳습니까?" 하고 묻자 사부는 그들에게 대답했다. "나는 지금까지, 그 어떤 이유로 형제가 죄짓는 장소를 우연히 지나게 되었을 때 그를 지나쳐 모른 척 하였다네." 이어서 사부는 말하길 "'너희의 눈으로 직접 본 것만 확신하라.'라고 기록되어 있지만 나는 너희의 손으로 직접 만졌다 할지라도 절대 확신하지 말라."라고 덧붙였다.

그리고 한 예로서 어떤 형제가 그런 오류에 빠진 경우를 들어 말하였다. "언젠가 한 형제가 어떤 여자와 죄를 짓는 다른 형제를 보게 되었다. 그것을 본 그는 어찌해야 할지 몰라 갈팡질팡하다가 마침내 그들이 있는 곳으로 가서 발로 그 형제를 밀어 내며 '그만 두시오!' 하고 소리 질렀다. 그런데 그 순간 그의 눈앞에는 이삭만이 있었다. 이처럼 너희는 비록 너희의 손으로 직접 만졌다 할지라도 그 어떤 예단도 하지마라."103

---

102 사막 교부들의 금언집, *Ηλίας* 4, PG 184BC.
103 *Ανέκδοτο Γεροντικό*, 참조. 각주31, ff. 67ᵛ - 68ʳ.

(2) 우리는 다른 사람의 의도를 알지 못한다.

사실 다른 사람을 판단한다는 것은 참으로 힘들다. 왜냐하면 그가 어떤 동기로 그런 행위를 하는지 우리가 알 수 없기 때문이다. 이집트인 마카리오스 사부는 특징적인 예를 우리에게 보여주고 있다.

"하느님의 사람들이 연극을 보러가서 세상적인 즐거움을 누리는 것처럼 보일 수 있다. 그러나 사람들 눈에는 그들이 세상적인 것을 즐기는 것처럼 보일지라도 그들 내면으로는 하느님과 대화를 나누고 있을지도 모른다."[104]

성 도로테오스도 다음과 같이 말했다.

"어떤 형제들이 순수한 마음으로 여러 가지 행동을 할 수 있는 경우가 있는데 우리는 그 행동들을 보면서 비판하는 죄에 빠져 우리 영혼을 죄짓게 한다."[105]

은둔자 성 요한도 이런 경우에 대해 다음과 같이 말하고 있다.

"선한 목적을 가지고 이루어지는 행동들이 그것을 보는 사람들에게는 옳지 않아 보일 수 있다. 이와 같은 일이 한 사부에게 일어났다. 그 사부는 경주가 벌어지고 있는 그 시간에 경마장을 지나가게 되었는데 의식적으로 경마장 안으로 들어갔다. 그리고 경마선수들이 서로 상대선수를 앞질러 승리하려는 노력을 지켜보면서 혼자 머릿속으로 생각했다. '이렇게 세상 사람들도 저마다 서로 앞질러 가려고 노력하는데 하물며 하느님 왕국의 상속자인 우리들은 이보다 더 많은 노력을 기울여야 하지 않겠는가! 그러면서 사부는 영적 투쟁에 더욱 정진하려는 마음을 다지며 그곳을 떠나갔다."[106]

알렉산드리아의 대주교인 자선의 성 요한의 전기를 통해 본 비탈리

---

[104] 이집트인 마카리오스, *Ὁμιλίαι Πνευματικαί* 15, 8, ΒΕΠΕΣ 41, 219, 37.
[105] 가자의 도로테오스, *op. cit.*, 6, 74.
[106] 바르사누피오스와 요한, *Επιστολαί* 453.

오스 성인의 삶은 이번 주제를 제대로 보여주고 있다.

"세리두 수도자의 수도원에서 묵상과 기도를 하며 생활하는 비탈리오스라는 사부가 알렉산드리아 도시에 내려갔다. 그는 수도생활의 끝을 바라보고 있는 사람이었다. 그가 쌓은 많은 덕 중에는 남을 비판하지 않는 덕 역시 들어 있었는데 알렉산드리아에 내려온 그는 많은 사람들에게 추문을 일으켰고 비난의 대상이 되었다. 하지만 하느님의 눈에는 그의 행실이 큰 축복 속에 있었다. 60세를 넘긴 비탈리오스는 도시에 도착하자마자 할 일을 찾았는데 그 일은 바로 그 도시의 창녀들을 찾아 나서는 일이었다. 그는 창녀를 찾으러 나설 때마다 돈을 지니고 갔었는데 저녁에 자신이 먹을 약간의 빵을 사는 데만 그 돈의 일부를 쓰고 나머지돈은 그날 만나는 창녀에게 '자, 이 돈을 받고 오늘 밤은 날 위해 시간을 비워놓게.' 하며 주었다.

밤이 되자 성인은 그녀를 찾아가서 그녀의 방 한구석에 무릎을 꿇고 찬양을 드리며 그녀의 영혼을 위해 기도해 주었다. 그리고 그곳을 떠날 때는 아무에게도 그런 사실을 드러내지 말라고 부탁하였다. 한편으로 성인은 사람들의 칭송을 피하고 또 한편으로는 죄에서 창녀들의 영혼들을 구원하기 위해 사람들이 듣게끔 큰소리로 자기 자신에게 '자, 이제 그만 창녀가 기다리고 있는데 그 창녀에게 가야지' 하면서 사람들로 하여금 자신의 말이 사실인 것처럼 믿게끔 하였다. 그리고 그런 성인을 보면서 비아냥거리고 비난하는 사람들에게는 마치 그 비난의 내용이 사실인 것처럼 행동했다. '왜, 나는 여느 사람처럼 육체의 정욕이 없소? 아니면 수도자들은 다른 사람처럼 욕망을 가지고 있지 않단 말이요? 모든 사람들이 즐기는 쾌락을 왜 수도자들은 즐기지 못한단 말이요?' 그러면 사람들은 성인에게 '차라리 창녀 중의 한명과 결혼하고 그 옷을 벗어 사람들에게 추문을 일으키지 마시오. 그래서 하느님의 이름이나 고귀한 수도서원을 더럽히지 마시오.' 하고 충고하였다. 그렇지 않으면 당신 땜에 분노한 사람들이 당신을 혼낼 것이오.

하지만 사부는 그들의 말에 기분이 상한 것처럼 화를 내며 큰 소리로 외쳤다. '당신들 말을 듣고 싶지 않소. 당신들이 추문에 휘말리든 그것이 나하고 무슨 상관이오? 당신들하고 나하고 무슨 연관이 있단 말이오? 나보고 결혼해서 온갖 세상적인 일에 빠져 살라고 하는 것이오? 나를 비웃거나 욕되게 하지 마시오. 누가 당신들을 나의 심판관으로 세웠단 말이오? 당신들 일이나 잘하시오. 우주를 심판하는 분이 따로 있고 그분이 각자가 행한 일에 따라 심판할 것이오.'

"성인의 강한 반발과 큰 목소리에 사람들은 성인의 무례하고 거친 행동에 움츠리는 것처럼 비판을 멈췄다. 일부 사람들은 알렉산드리아의 대주교인 자선의 요한 성인을 찾아가 성인의 일을 고자질하였다. 하지만 이미 성인의 덕을 하느님으로부터 전해들은 요한 성인은 고자질하는 사람의 말을 귀담아 듣지 않았다. 사부는 많은 사람들에게 추문을 불러왔음에도 그 일을 멈추지 않았다. 오직 한 가지, 영혼의 구원에만 주목했다. 자신을 못되게 욕하는 사람들이 범하는 죄를 위해 하느님께 기도하였다. 성인의 그런 일은 점차 열매 맺기 시작하였고 많은 사람들이 구원을 받게 되었다. 왜냐하면 창녀들이 그들의 영혼과 삶의 변화를 위해 밤새워 기도하고 끝없이 하느님을 찬양하는 성인의 모습을 보고 올바른 삶을 살기 시작하였기 때문이었다. 일부 창녀들은 합법적으로 결혼을 했고 일부는 과거의 잘못된 삶을 청산하고 미혼으로 살아갔으며 또 일부는 속세를 떠나 수도자의 삶을 걸어갔다. 하지만 그 누구도 하느님의 뜻에 따라 살아온 성인의 숨겨진 삶을 알지 못했으며 나쁜 행실을 한 것처럼 꾸미고 살아간 성인이 창녀들의 그릇된 인생을 바꿨다는 사실을 몰랐다."

자선의 성인 요한의 전기에는 비탈리오 성인이 돌아가신 다음에 있었던 사건도 기록하고 있다.

"어떤 한 계기가 있은 후 많은 알렉산드리아 사람들이 성인이 묵던 방을 찾았다. 그때 사람들은 성인이 무릎을 꿇은 채 기도하는 자세로 하느님께 그의 영혼을 맡긴 모습을 보게 되었다. 그리고 다음과 같은 글귀가 써 있는 것을 보았다.

"알렉산드리아인들이여, 주님께서 오시기 전에 미리 앞서서 판단하지 마시오."

성 요한의 전기는 성인의 장례식 광경을 다음과 같이 서술하고 있다.

"성인의 장례식이 되자 과거 모든 창녀들이 그 자리에 모였다. 그리고 그들은 향료와 큰 초를 들고 와서 펑펑 울었다. 왜냐하면 더 이상 성인의 훌륭하고 유익한 가르침을 들을 수 없었기 때문이었다. 그리고 비로소 '성인이 자신들 방을 방문했을 때 음란한 생각은 물론 한 번도 그들의 손도 잡지 않고 밤새 무릎을 꿇고 기도만 하였다.'라고 성인의 감춰진 삶을 전해 주었다."107

(3) 우리는 타인의 행동을 제대로 읽지 못한다.

사람들은 흔히 다른 사람들을 자기 기준으로 판단한다. 그래서 수덕이 낮으면 낮을수록 그만큼 쉽게 남을 판단하고 또 남의 잘못을 쉽게 찾아낸다. 하지만 사람들의 대다수 잘못들은 잘 드러나지 않아 그들을 극히 일부 행동만으로 판단하게 된다. 따라서 그런 판단은 결코 온전할 수가 없다.

이 문제에 관해서 니키타스 티타토스는 아래와 같이 말하고 있다.

"우리가 영적 나태함으로 우리 자신을 영적으로 제대로 돌보지 않고 형제들을 의심케 하는 사탄의 속삭임을 용납하며 동시에 우리 눈의 움직임을 주시하지 않는다면 사탄은 우리로 하여금 보통 형제들뿐만 아니라 높은 덕에 오른 형제들까지도 비판하게 만든다. 예를 들면, 한 형제가 기쁘거나, 얼굴에 미소가 가득하거나, 아니면 사람들과 쉽

---

107 번역자 시메온, *Βίος Ιωάννου Αρχιεπ. Αλεξανδρείας* 59-66, PG 114, 945D-952C.

3. 수도자들은 비난과 비판이 왜 나쁜 것인가에 대해 설명한다.

게 친숙하고 대화하기를 좋아하면, 사람들은 그를 두고 쾌락이나 탐욕의 경향이 있다고 탓한다. 만약 웃지도 않고 침울하면 그는 화가 났거나 또는 교만이 가득 찼다고 탓한다. 따라서 누구든지 외형적 모습만으로 사람을 판단하는 것은 옳지 못하다. 실제로 사람들은 서로 다른 특징과 습관이 있어 획일적 판단을 할 수가 없다. 어떤 행위에 대해서 올바른 판단을 할 수 있으려면 끝없는 영적수련을 통해 영혼의 눈이 깨끗해야 하고, 또한 성령의 무한한 빛이 함께 거해야 한다. 그런 사람들은 하늘 왕국의 신비를 알 수 있는 은사의 선물을 받았다."[108]

클리막스의 성 요한도 실천가들이 이론가들을 판단하는 경향에 대해서 이와 유사한 가르침을 주었다.

"너는 중요한 가르침을 주는 사람들에게 엄격한 심판관이 되기보다는 수련을 소홀히 하는 자들에게 엄격하여라. 사실 행위로써 채우지 못하는 부분들이 그들의 훌륭한 가르침으로 채워지는 경우도 많다. 더구나 우리는 모든 것을 다 소유하지 못한다. 일부 사람들에는 그들의 가르침이 업적을 뛰어넘으며 또 다른 일부 사람들에게는 업적이 가르침을 뛰어 넘기도 한다."[109]

예루살렘의 끼릴로스 대주교는 높은 덕의 경지에 오른 사람들의 자유로운 행동을 초심자들이 오해할 것을 우려해 세례를 앞둔 예비신자들에게 다음과 같이 가르쳤다.

"만약 네가 봉직하는 신자들의 나태함을 볼지라도 그들을 비판하지 마라. 왜냐하면 그들은 자신들이 무엇을 받았는지(세례)를 잘 알고 또 은총을 입고 있음을 잘 알고 있어 안전하기 때문이다."[110]

성 요한 크리소스톰의 전기 작가이자 친구인 팔라디오스 엘레누폴레오스(†431이전)는 사도 바울로의 '영적인 사람은 무엇이나 판단할

---

[108] 니키타스 스티타토스, *Πρακτικά Κεφάλαια* 63, PG 120, 880D-881A.
[109] 요한 클리막스, *Λόγος* 26, 40.
[110] 예루살렘의 끼릴로스, *Προκατήχησις* 13, ΒΕΠΕΣ 39, 45, 35.

수 있지만 그 사람 자신은 아무에게서도 판단 받지 않습니다.'(고린토 I 2:15)[111]라는 가르침으로 위의 모든 내용을 요약하고 있다.

그러면 이 주제와 관련된 자선의 성 요한의 가르침을 한번 살펴보자. "남을 비판하는 것을 극히 꺼렸던 훌륭한 총대주교의 사례를 자네들에게 이야기해 주겠네. 당시에 알렉산드리아에 우연히 머무르게 된 한 방탕한 젊은이가 젊은 수녀를 유혹하였지. 그는 자신의 쾌락을 위해서 곧 그녀를 데리고 콘스탄티노플로 갔어. 그 사실을 알게 된 총대주교는 매우 가슴 아파 하면서 그들의 영혼을 구원하기 위해 할 수 있는 방법을 다 동원했지. 어느덧 세월이 흘렀지. 어느 날 총대주교는 성직자들의 영적 유익을 위해 방탕한 젊은이에게 있었던 사건을 말해 주었어. 그러자 그 이야기를 들은 사람들은 모두 한결같이 그 젊은이를 비판하기 시작하였지. 그러면서 그 둘의 나쁜 행실이 그 둘만의 영혼만 훼손시키는 것이 아니라 다른 사람들에게도 좋지 못한 사례가 되어 더 많은 영혼을 훼손했을 것이라면서 성토하였지. 그들이 그렇게 비판하고 있을 때 성인은 다음과 같이 말했어. '형제들이여, 그렇게 쉽게 혀를 놀려 남을 비판하지 말게. 왜냐하면 두 가지 죄에 빠질 위험이 있네. 하나는 아직 정해진 때가 오지 않았는데 미리 심판하여 계명을 어기는 죄이고 또 하나는 그 일 이후 지금 그 둘 사이에 어떤 일이 일어났는지 모르면서 남을 판단하는 죄라네. 사실 내가 언급한 그 젊은이 둘이 아직까지 죄 속에 살고 있는지 아니면 잘못을 깨닫고 회개 속에 살아가는지 우리 중에 그 누가 알겠는가?' 그리고 나서 성인은 '언젠가 내가 교부들 중 한 분의 전기를 읽었는데 아주 유익한 이야기가 있었다네. 내가 자네들을 위해 그 이야기를 해주지.' 하면서 이야기를 시작했다.

'어느 날 두 명의 수도자가 그들의 임무를 수행하기 위해 티로도시

---

111 팔라디오스 엘레누폴레오스, *Περί του Βίου του Αγίου Ιωάννου του Χρυσοστόμου*, 19.

3. 수도자들은 비난과 비판이 왜 나쁜 것인가에 대해 설명한다.

에 도착하였지. 그런데 한 장소를 지나고 있을 때 포르피리아라고 불리는 창녀가 그들 중 한 수도자를 뒤따라가며 '신부님, 과거의 예수 그리스도께서 창녀를 구해주셨듯이 저도 구해주십시오.' 하면서 큰소리로 외쳤다네. 그러자 그 소리를 들은 그 수도자는 사람들의 시선을 의식하지 않고 그녀의 손을 잡고 그 도시에서 빠져나갔지. 그 일이 있은 후 그 도시에는 수도자가 포르피리아 창녀와 결혼했다는 소문이 퍼졌어. 수도자는 창녀를 데리고 이곳저곳을 다니다가 버려진 아기 한 명을 발견하게 되었지. 창녀는 그 아이가 불쌍해 그 아이를 데려다가 키웠어. 얼마 후에 티로 사람 몇몇이 우연히 수도자와 창녀가 살고 있는 고장에 갔다가 아기를 안고 있는 그 창녀를 보게 되었지. 그녀를 본 그들은 비웃었어. 그리고 수도자를 폄훼하기 위해 그녀에게 다음과 같이 말했지. '당신들의 계획이 헛되지는 않았군. 수도자의 자식이 아주 예쁘군.' 티로로 돌아온 그들은 '창녀가 수도자의 아기를 낳았는데 그 수도자를 꼭 빼 닮았어!' 하면서 소문을 퍼트렸지. 형제들이여, 이처럼 사람들은 그들의 의심이 곧 사실인 것처럼 믿을 준비가 되어 있지. 특히 악의가 있는 못된 사람들이라면 더욱 그렇지. 왜냐하면 못된 그들은 자신들이 하는 말을 스스로 믿게끔 만들어 버리기 때문이지. 그때 그들은 자기 자신들이 목격자인 것처럼 아주 쉽게 남들을 비난하지. 그런데 그들이 이렇게 하는 이유는 한편으로는 남의 일에 참견하거나 간섭하는 것을 좋아하고 또 한편으로는 다른 사람들도 자기들과 같은 부류가 되게끔 만들어 동시에 자신들의 양심의 가책을 벗어날 수 있다고 생각하기 때문이지.

   수도자는 마침내 포르피리아가 수녀가 되도록 인도했고 수녀가 된 그녀는 펠라기아라는 수도명으로 수도원에서 수련하며 살았어. 어느 날 수도자는 자신의 생이 끝나감을 느끼고 펠라기아를 불러 티로로 다시 돌아갔지. 물론 일곱 살이 된 그 아이도 같이 데려갔어. 포르피리아가 그의 남편인 수도자와 함께 돌아왔다는 소식이 급속히 퍼졌나갔지. 그리고 많은 주민들이 운명을 눈앞에 둔 수도자를 찾아왔어. 수도자는 불붙인 석탄을 가득 담은 향로를 가져오라고 일렀지. 그리고 그것을 받아 사람들이 보는 앞에서 자신의 가슴에 뒤집어엎으며 '예전에 타지 않는 덤불을 지켜주신 주님 찬양 받으소서. 이분이 나의 진실한 증인이 될 것이요.'라고 큰소리로 외쳤어. 그리고는 '불의 화염이 지금 내 옷을 하나도 태우지 못하듯이 나 역시 여기 있는 여자와 함께 지내는 동안 그녀를 건드리지 않았소.' 하고 사람들에게 말했지. 그 자리에 있던 사람들은 그의 말을 듣고 놀랐어. 그리고 남몰래 하느님께 봉사하는 이들을 만인 앞에 드러내 주시는 하느님께 찬양을 올리기 시작하였지. 수도자는 이 말을 마치고 하느님께 자신의 영혼을 맡겼다네.

그러니 나의 영적 자녀들이여, 이미 말한 바와 같이 자네들에게 충고하거늘 그렇게 쉽게 남을 판단하지 말게. 우리는 그들의 드러난 잘못된 행실을 보고 음행을 했거나 아니면 나쁜 짓을 했다는 것을 알게 되지만 언제 그들이 보이지 않는 가운데 회개를 했는지 알 수 없기 때문이라네.'"[112]

자선의 성 요한의 전기에서 성인 자신이 한 수도자를 잘못 판단한 사건에 대해서 살펴보자.

"그 당시에 한 수도자가 예쁜 소녀를 데리고 알렉산드리아 이곳저곳을 돌아다니고 있었다. 교회의 일부사람들은 그를 보고 그 수도자가 일부러 사람들에게 추문을 일으키려는 것이라 생각했다. 그래서 그들은 총대주교를 찾아가 그 사실을 말했다. 성 요한은 그들의 말에 이끌렸다. 왜냐하면 그들이 하느님에 대한 열정으로 자신에게 그런 사실을 말하는 것으로 생각했기 때문이었다. 총대주교는 그 수도자와 소녀를 잡아오라고 명하고 큰 매질을 한 후 분리하여 감옥에 가두라고 하였

---

[112] 번역자 시메온, *Ιανουάριος, Βίος Ιωάννου Αλεξανδρείας του Ελεήμονος* 68-69, PG 114, 953C-956C.

3. 수도자들은 비난과 비판이 왜 나쁜 것인가에 대해 설명한다.

다. 그날 밤 총대주교의 꿈속에 수도자가 나타나 상처가 심한 등을 보여주었다. 그리고 그에게 부드러우면서도 단호하게 말했다. '총대주교님, 이런 모습을 보니 좋으십니까? 당신도 인간으로서 이번에 속은 것입니다.'

잠에서 깨어난 총대주교는 즉시 수도자를 데려오라고 명령했고 그는 상처로 인해서 겨우 걸음을 옮길 수 있었다. 성 요한은 그를 보는 순간 꿈에서 보았던 수도자임을 알았다. 하지만 꿈에 본 그 상처가 실제로 있는지를 확인하려고 그의 옷을 벗기라고 명하였다. 하지만 강제로 옷을 벗기기 전에 하느님의 섭리로 그의 옷은 미끄러지듯이 스스로 벗겨졌고 그의 알몸이 드러났다. 알몸이 되는 순간 성인은 수도자의 몸이 소녀와 관계를 맺을 수 없는 육체라는 사실을 알게 되었다.

그 순간 총대주교는 수도자를 비난했던 성직자들을 해임시키고 3년 간 교회와 친교하지 못하게 하였다. 동시에 그의 무지로 인해 발생한 잘못에 대해 정중하게 용서를 구했다. 단, 여자와 함께 도시를 배회해 추문을 일으킨 동기를 제공한 것에 대해서는 잘했다고 할 수 없음을 밝혔다. 그러자 수도자는 아주 정중하고도 절제 있게 말했다. '총대주교님, 나의 일에 대해 모든 것을 사실대로 말씀드리지요. 제가 키로 성인과 요한 성인을 순례하러 떠난 지 며칠 지나지 않아 가자에 들르게 되었지요. 그런데 어느 날 밤 그곳에서 한 소녀를 만났는데 그녀가 내 발 앞에 엎드려 나를 따라 다니겠다고 요청했습니다. 왜냐하면 그녀는 그리스도교인이 되기를 원했기 때문이었습니다. 당시 그녀는 유태인이었지요. 저는 하느님께서 작은 것조차 경시하지 말라는 말씀에 그녀를 받아들였습니다. 그런 결정을 하는 데 있어서 물론 나의 육체적 결함으로 인해 사탄이 나를 쉽게 유혹에 빠트리지 못할 것이라는 생각도 한 몫을 하였지요. 순례지에 도착하고 나의 의무를 다했다고 생각한 나는 소녀를 위탁해 세례 받을 수 있도록 공부를 시켰지요. 그 때부터 나는 순수한 마음으로 그녀와 함께 여기저기를 다니며 그녀를

지켜주었지요. 나의 소망은 그녀가 수도원에 정착해서 살아갈 수 있게 하는 것이랍니다.'

요한 성인이 그의 말을 듣고 말했다. '하느님, 얼마나 많은 당신의 종들이 숨어 지내고 있는지요!' 그러면서 수도자에게 위로금을 주려하였다. 하지만 수도자는 누구든지 믿음이 있으면 돈이 필요없지만 돈을 사랑하면 믿음이 황폐화된다고 하면서 그 호의를 거절하였다. 그리고 성인에게 절로써 예를 표한 후 떠나갔다."[113]

위의 얘기를 통해 우리는 남을 온전히 판단할 수 있는 능력이 없다는 결론을 도출하게 된다. 왜냐하면 우리는 우리의 영혼 속으로 들어갈 수 없기 때문이다. 그것은 오직 하느님만의 역할이다.

성 도로테오스는 어떻게 말하는지 살펴보자

"우리가 남의 일에 간섭하는 이유가 무엇인가? 왜 남의 일에 관심을 기울이는가? 그래도 무언가에 관심을 기울이고 싶은가? 그렇다면 네 자신과 네 안에 있는 악한 것에 신경 써라. 정의와 심판은 하느님의 영역이다. 그분만이 각자의 상태와 능력, 은사, 관심, 특성 등을 알고 계시고 또 각자의 상황에 맞게 판단하실 수 있다. 하느님께서는 주교와 세상의 통치자를 서로 다르게 판단한다. 스승과 제자, 노인과 청년, 환자와 건강한 자를 서로 다르게 판단한다. 누가 괴연 이렇게 복잡하게 얽혀있는 서로 다른 상황들을 온전히 판단할 수 있겠는가? 그것은 오직 창조주이신 하느님만이 당신의 창조물들을 온전히 알고 판단할 수 있는 것이 아니겠느냐?"[114]

---

[113] *ibid.*, 45-46 PG 114, 936A-937A.
[114] 가자의 도로테오스, *op. cit.*, 6, 72.

3. 수도자들은 비난과 비판이 왜 나쁜 것인가에 대해 설명한다.

2) 다른 사람의 영혼의 내력을 우리는 알지 못한다.

(1) 하느님은 인간을 포기하지 않으신다.

교부문헌이나 수도자들의 가르침 속에서 우리는 하느님께서 인간을 포기하지 않으신다는 많은 기록들을 찾아 볼 수 있다. 이런 많은 기록들 중에서 『사부집』에 있는 내용을 발췌했다.

"언젠가 음란한 생각이 한 수도자를 무척 괴롭혔다. 때마침 그 수도자가 이집트의 소도시를 지나가게 되었는데 그곳에서 이집트의 한 이교도 사제의 딸을 만나게 되었다. 곧 그녀에게 반한 그는 그녀의 아버지를 찾아가 자기의 부인으로 딸을 내어달라고 요청하였다. 그러자 사제는 '내가 먼저 나의 신께 물어본 후에 내 딸을 당신께 줄 것인지 말 것인지를 결정 하겠소.' 하고 대답하였다. 그 사제는 자신의 신인 사탄에게 가서 말했다. '어떤 수도자가 부인으로 내 딸을 달라는데 어떻게 하면 좋을까요?' 그러자 사탄은 '그가 하느님과 세례와 수도서원 한 것을 부인할 의사가 있는지 물어보게.' 하고 대답하였다. 사제의 질문에 수도자는 부인할 의사가 있음을 밝혔다. 그러자 그 순간 수도자의 입에서 비둘기 모양의 새가 나와 하늘로 올라가는 것이 수도자의 눈에 보였다. 사제는 다시 사탄에게 돌아가 수도자가 세 가지 모두 부인하는 데 동의했다고 말했다. 그러나 사탄은 그의 부인으로 딸을 주지 말라고 말했다. 왜냐하면 아직까지 그의 하느님이 완전히 그를 떠나지 않고 도와주고 있기 때문이라고 하였다. 사제는 다시 수도자에게 가서 말하였다. '내 딸을 당신께 줄 수 없소. 왜냐하면 아직 당신의 하느님이 당신을 떠나지 않고 도와주고 있기 때문이오.'

"수도자는 그 말을 듣는 순간 깊은 생각에 잠겼다. 그리곤 '하느님께서 나에게 이렇게 큰 사랑을 보이시는데 어리석은 나는 그분은 물론 세례와 수도서원까지도 부정하였구나! 그런데도 선하신 하느님께서 아직도 나를 돕고 계시다니! 그 순간 온전한 정신으로 돌아온 수도자는 사막에서 수행하고 있던 잘 알려진 큰 사부를 찾아가 그에게 있었던 모든 죄와 일어났던 사건들을 고백하였다. 그의 말을 들은 사부는 수도자에게 말했다. '이곳 동굴에서 지내며 이틀에 한 번씩 식사를 하고 3주간 금식을 하게. 나는 자네를 위해 하느님께 기도를 하겠네.' 사부는 마음이 너무도 아팠다. 그리고 하느님께 간구하였다. '주님, 그의 영혼을 불쌍히 여기시고 그의 영혼의 회개를 받아주소서' 하느님께서는 사부의 간절한 기도를 들어주셨다. 첫 주간이 지나고 사부가 그 수도자를 찾아가서 물었다. '뭔가를 본 것이 있는가?' 그러자 그는 대답했다. '하늘 높은 곳에 있던 비둘기가 내 머리 위 높은 곳에 있는 것을 보았습니다.' 그러자 사부는 그에게 말했다. '마음을 다해 끊임없이 하느님께 간구하게나.' 또 한 주간이 지나 사부가 다시 그를 찾아가 물었다. '혹시 뭔가를 본 것이 있는가?' 그러자 그는 다음과 같이 대답하였다. '비둘기가 내 머리 가까이에 온 것을 보았습니다.' 그러자 사부는 그에게 '금식하면서 끊임없이 기도하게.' 하고 조언하였다. 마지막 세 번째 주간이 되어 사부가 다시 그를 찾아가 지난 번 본 것 말고 또 다른 것을 보았는지에 대해 물었다. 그러자 그는 다음과 같이 말했다. '비둘기가 내 머리 위에 앉았습니다. 그래서 내가 그것을 잡으려고 손을 펼쳤더니 비둘기가 날아서 내 입으로 들어갔습니다.' 그러자 사부는 하느님께 감사를 드리며 수도자에게 말하였다. '하느님께서 너의 회개를 받아들이셨구나. 다시는 죄를 짓지 않도록 네 자신을 조심하여라' 그러자 수도자는 '사부님, 지금부터 저는 죽을 때까지 당신과 함께 할 것입니다.' 하고 대답하였다."[115]

---

[115] Ανέκδοτο Γεροντικό, 참조. 각주31, ff. 36ʳ - 37ʳ.

3. 수도자들은 비난과 비판이 왜 나쁜 것인가에 대해 설명한다.

(2) 우리는 그의 영적 투쟁을 모른다.

사람들은 남의 잘못을 보는 경우는 많이 있지만 그 사람이 어떤 이유로 그리고 어떤 노력을 했는지에 대해서는 알지 못한다. 사실 그런 노력은 서로 다른 사람들이 똑같은 죄를 범했을 때 달리 평가되는 기준이 된다.

이집트에 가서 10여 년간 훌륭한 수도자들과 함께 생활했던 성 카시아노스(†430-435)는 그들 중 한 수도자의 말을 다음과 같이 인용했다.

"우리가 말한 것 외에도, 남을 판단하는 것이 위험한 이유가 또 한 가지 있다. 그것은 비록 우리의 눈에는 거슬리는 상대방의 행실이라 해도 그런 행실을 하게 만든 동기나 필요를 우리는 전혀 알지 못한다는 것이다. 오히려 그런 행실이 하느님의 눈에 선한 것이거나 용서되는 것일 수도 있다. 그럼에도 우리는 아주 엄격한 심판자가 된다. 이렇게 우리는 그들을 보는 옳지 못한 우리의 감정들로 인해 중한 죄를 짓게 된다."[116]

때때로 죄를 짓기 이전에 죄를 짓지 않으려고 온갖 노력이 선행된다. 따라서 그 죄인에 대한 평가는 오직 하느님만이 온전히 할 수 있다.

이 주제와 관련해서 성 도로테오스는 다음과 같은 가르침을 주고 있다.

"몇몇 경우에 순수한 마음으로 일을 하는 형제의 행위가 너의 전체 삶보다 하느님께 더 큰 기쁨을 가져다 준다. 그럼에도 너는 앉아서 그를 비판하고 네 영혼을 죄짓게 한다! 그러면 그가 어떤 잘못에 빠졌다고 가정해보자. 너는 그가 그런 잘못을 범하기 전에 얼마나 피땀을 흘리며 죄를 짓지 않으려 노력했는지 아는가? 나는 그런 상황 속에서

---

[116] 요한 카시아노스, De Institutis 5 30, 4 Guy, Jean-Claude, Jean Cassien Institutions Ce´nobitiques, SCh 109, 239-241.

한 그의 잘못이 아마도 하느님 눈에 좋은 일처럼 비춰질 수 있다고 생각한다. 하느님께서는 그가 죄를 짓기 이전에 겪어야 했던 슬픔과 수고를 보시고 그를 안쓰럽게 여기며 그를 용서하신다. 그렇게 하느님께서 그를 용서하시는데 오히려 너는 그를 비판하면서 너의 영혼을 잃고 있다! 그가 하느님 앞에서 그의 잘못에 대해 얼마나 많은 눈물을 흘렸는지 보았는가? 너는 그 형제의 죄를 보았지만 그가 회개하였는지에 대해서는 모른다."[117]

(3) 죄인은 이미 회개하고 용서받았다.

누구라도 어떤 형제의 잘못을 확신하고 옳게 그리고 정당하게 판단할 수 있다고 생각하지 말자.

왜냐하면 우리가 누군가에게 그런 사실을 전했을 때, 이미 잘못을 한 그 형제가 죄를 뉘우치고 하느님께 용서를 구해 정당화되어 있을지도 모른다. 그렇게 되면 성 도로테오스가 '너는 그 형제의 죄를 보았지만 그가 회개하였는지에 대해서는 모른다.'라는 위의 말씀을 되풀이할 수 있다.

사부들이 가르치는 첫 번째는 모든 죄인은 구원이 가능성이 있다는 것이다. 우리는 많은 가르침 가운데 이 부분에 관련된 두 가지만 언급하고자 한다.

먼저 시나이인 성 아나스타시오스의 가르침을 살펴보자.

"하느님께서 우리를 용서하시기 위해서는 우리가 다른 형제를 판단하지 않아야 한다. 너는 형제가 죄를 짓는 것을 보게 될 수도 있다. 하지만 그의 생이 어떻게 끝날지 너는 모른다. 그리스도와 함께 십자가에 못 박혔던 강도는 살인자였다. 반면에 유다는 사도였으며 그리스도의 제자였다. 그런데 순식간에 상황은 완전히 변했다. 강도는 하늘

---

[117] 가자의 도로테오스, *op. cit.*, 6, 74.

3. 수도자들은 비난과 비판이 왜 나쁜 것인가에 대해 설명한다.

의 왕국으로 들어가고 제자는 영원한 죽음으로 떨어졌다. 그렇다면 형제가 진짜 죄인이라고 가정해보자. 과연 너는 그의 모든 행실에 대해 다 알고 있는가? 사실 많은 사람들이 눈에 보이는 죄를 지은 후 남이 알지 못하는 사이에 진실로 회개하는 경우가 많이 있지 않는가? 그런데 우리는 단지 그들이 죄를 지었다는 것을 보았을 뿐 그들이 회개하고 되돌아 온 것은 모른다. 이렇게 우리 눈에는 죄인이지만 하느님에게는 의인인 경우가 많다."[118]

앙기라의 성 닐로스는 다음과 같이 말했다.

"덕이나 악이 변하지 않고 머물러 있는 것은 아니다. 왜냐하면 인간은 쉽게 변하기 때문이다. 너는 형제가 아주 나태하다고 생각할지 모른다. 하지만 그가 그의 나태함을 깨닫고 깊이 뉘우쳐 더 좋은 모습으로 변화되어 하느님으로부터 인정을 받았는지 모른다. 그런데도 너는 그런 사실을 알지 못하고 이미 그가 너보다 더 확실하게 구원의 길을 가고 있음에도 수시로 그를 비하하고 비방하며 비판한다."[119]

죄인은 구원받는다. 왜냐하면 하느님께서 죄인을 포기하지 않으실 뿐 아니라 더 많은 관심을 갖고 계시기 때문이다.

성 닐로스의 말을 들어보자. 그는 우리에게 확고하고 분명한 입장을 보여주고 있다.

"만약 네가 아주 더러운 사람들 중에서도 가장 더러운 사람을 보고, 못된 사람 중에서도 최고로 못된 사람을 보았다 해도 그를 심판하려 하지 마라. 왜냐하면 하느님께서 그를 저버리지 않으며 사탄의 포로가 되도록 놔두시지 않는다."[120]

『사부집』에서 좀 더 관련된 이야기를 살펴보자.

"한 형제가 사부에게 물었다. 어떤 사람이 죄를 지었을 때 그 사람

---

[118] 시나이인 아나스타시오스, Λόγος περί της Αγίας Συνάξεως, PG 89, 845A-C.
[119] 앙기라의 닐로스, Επιστολαί 2, 121, PG 106, 253B.
[120] 앙기라의 닐로스, Επιστολαί 3, 56, PG 106, 417B.

이 지은 죄 때문에 추문에 휩싸인 사람들은 어떻게 되는 것입니까? 그러자 사부는 다음과 같은 이야기를 들려주었다. '이집트의 한 공동체에 높은 덕으로 유명했던 한 보제가 살았지. 언젠가 통치자로부터 쫓겨난 장군이 그의 가족은 물론 종들을 데리고 그리로 왔는데 사탄의 유혹으로 보제는 그 중의 한 여인과 죄를 짓게 되었고 많은 사람들이 그 추문에 휩싸였어. 보제는 그가 존경하는 사부를 찾아가 그에게 있었던 일을 소상히 고백하였지. 때마침 사부의 켈리 깊숙한 곳에는 깜깜한 동굴 하나가 있었는데 그 사실을 알고 있던 보제는 사부에게 자신을 그곳에 넣어달라고 부탁하였어. 그리곤 아무에게도 그 사실을 알리지 말아달라고 요청하였지. 그렇게 해서 보제는 그 동굴 속으로 들어갔고 그곳에서 온 마음을 다해 회개의 삶을 살아갔지. 어느 정도 시간이 흘렀는데 매년 그 지역에 물을 공급하던 나일강 물이 마르는 일이 발생했어. 사람들은 모두 모여 행렬의식을 거행하며 기도를 올리고 있었는데 그들 중의 한 명이 지금 어느 곳에 숨어 지내고 있는 보제가 와서 기도를 하기 전에는 강물이 불어나지 않을 것이라는 계시를 받았어. 계시 받은 형제로부터 얘기를 들은 사람들은 모두 깜짝 놀라 보제를 찾으러 동굴로 가서 그를 꺼냈지. 마침내 보제가 기도를 하자 물이 불어나기 시작했어. 그리고 과서에 보제로 인해 추문에 휩싸였던 사람들은 오히려 보제의 회개로 더 많은 유익을 얻었고 하느님께 영광을 올렸다네."[121]

3) 비난하고 비판하는 사람은 자기 자신을 훼손시킨다.

비난과 비판이 정당화 될 수 없는 이유는 인간의 판단이 온전하지 않다는 것과 회개가 존재하고 있다는 것과 죄인도 구원될 수 있다는

---

[121] *Ανέκδοτο Γεροντικό*, 참조. 각주31, f. 33ʳ.

3. 수도자들은 비난과 비판이 왜 나쁜 것인가에 대해 설명한다.

사실을 망각하는 것 외에 비난과 비판을 가하는 사람 자신에게도 큰 폐해를 가져오기 때문이다. 수도자들은 인간에게 해악을 유발하는 네 가지의 경우를 말하고 있다.

(1) 비난자는 그의 인격을 드러낸다.

비난과 비판의 행위는 다시 한 번 죄의 비참한 결과를 확인시켜 준다. 그런 나쁜 행위는 짐짓 인간의 유익을 위한 것 같지만 실상은 정반대의 결과를 유발한다. 이미 우리가 위에서 본 바에 따르면, 우리가 말하고 있는 죄들의 목적은 인간을 드러내기 위한 것임을 알 수 있다. 하지만 분별의 은사가 있는 사람이 비난하는 사람을 보면 비난하는 그 사실 자체만으로도 바로 그가 나약한 존재임을 쉽게 알아차린다.

우리가 좀 더 쉽게 이해하기 위해서 도로테오스 성인의 경우를 예로 들어보자.

"우리는 우리의 생각에 따라 모든 것으로부터 유익함을 얻거나 아니면 반대로 해로움을 입을 수 있다. 그 말이 사실이라는 것을 너희에게 한 예로 보여주겠다. 어떤 한 사람이 늦은 밤에 혼자서 어떤 장소에 서 있었다. 그런데 그 장소를 세 사람이 서로 다른 시차를 두고 지나갔다. 그 중 한사람은 서있는 사람을 보고 '음란한 짓을 하려고 누군가를 기다리고 있군.' 하고 생각했다. 두 번째 사람은 지나가면서 그를 도둑이라고 생각했다. 마지막으로 세 번째 사람은 '친구와 같이 기도하러 가려고 친구를 기다리고 있나 보군.' 하고 생각했다. 이처럼 이 세 사람은 똑 같은 장소에 서있는 사람을 보고 서로 다른 생각을 품었다. 즉 그들 세 사람은 그들의 마음속에 품고 있는 상태에 따라서 그를 판단한 것이다."[122]

비난에 대한 또 다른 면은 다른 사람에 대한 시기에서 일어난다.

---

[122] 가자의 도로테오스, *Επιστολαί* 1.

시로스의 성 이사악은 분명하게 밝히고 있다.
"다른 형제들 앞에서 어떤 형제를 부끄럽게 만드는 사람은 그 마음속에 강한 시기심이 불타오르고 있음을 보여주는 것이다."[123]
비난하는 자는 또한 스스로 수치를 당한다. 비난하는 사람은 비난하는 그 자체로써 이미 그의 인격이 드러나 수치를 당하고 또한 자기 자신이 정욕에 사로잡혀 있으면서도 감히 남의 일에 간섭하며 판단함으로써 또 다시 수치를 당한다.
성 사바 수도원의 성 안디오호스는 다음과 같이 말했다.
"우리가 불치의 병에 걸려있고 큰 빚을 지고 있으면서도 남의 일에 간섭하고 다른 사람의 잘못에 대해 감독하는 행동은 옳지 않다."[124]
『사부집』에서 이에 관한 짧은 이야기를 살펴보자.
"한 형제가 사탄과 전쟁을 치르고 난 후 한 사부를 찾아가 '그 형제 둘이서 함께 지내고 있습니다!'하고 말하였다. 사부는 사탄이 그를 속인 것을 알아채고 두 형제에게 자신을 방문하라고 요청하였다. 밤이 되었을 때 사부는 두 형제가 잠을 잘 수 있도록 자리를 깔아주고 같은 이불로 둘을 덮어 주며 하느님의 자녀들은 거룩하다고 말했다. 그리고 나서 사탄으로부터 속임을 당한 그 형제를 가리키며 제자에게 '저 형제를 구석진 기도방에 가둬라. 그의 마음속에는 음란한 탐욕이 들어있다.' 하고 명령하였다."[125]

(2) 비판하는 사람은 여러 가지 죄에 **빠진다**.

우리는 위에서 비판이 매우 중한 죄라는 사실을 살펴봤다. 그러나 중한 죄라는 사실 외에도 비판은 사람들이 다른 죄에 빠지게 하는 하

---

[123] 시로의 이사악, $Λόγοι$ 73.
[124] 사바 수도원의 안디오호스, $Λόγοι$ 49, PG 89, 1585A.
[125] $Ανέκδοτο\ Γεροντικό$, 참조. 각주31, f. 34ʳ.

3. 수도자들은 비난과 비판이 왜 나쁜 것인가에 대해 설명한다.

나의 요인이 된다. 힐론수도자는 이 점을 분명하게 밝히고 있다.

"죄인들이 하는 행동에 대해 기쁘게 말하는 사람에게는 즉시 그 자신에게 죄를 유발하는 쾌락이 공격한다."[126]

이런 원칙은 확고해서 덕이 높은 사람이 실수로 남을 비판해도 예외가 아니다. 클리막스의 성 요한은 이 점에 대해서 다음과 같이 말하고 있다.

"초심자가 주로 죄에 빠지는 대개의 경우는 쾌락이 동기로 작용한다. 또한 초심자를 포함한 신앙과 덕의 깊이가 중간 정도인 신자들에게는 교만이 그 동기가 된다. 하지만 높은 덕의 경지에 다다른 사람에게는 그 동기가 단지 이웃을 비판했다는 사실만으로도 충분하다."[127]

비판하는 사람들이 주로 빠지는 유혹이나 죄는 비판했던 바로 그것이 된다. 왜냐하면 하느님께서 그와 똑같은 경우를 겪게 허락하심으로써 수치를 당하고 깨닫게 하기 위함이다. 많은 수도자들은 이 지적을 재차 확인해준다. 시로스의 성 이사악은 말했다.

"죄인들의 악행은 본받지 말되 그들의 결점을 깔보지 말고 죄인들을 사랑하여라. 그렇지 않으면 너도 그들이 겪는 똑같은 유혹에 빠질 위험에 놓인다."[128]

고백자 성 막시모스는 다음과 같이 지적한다.

"누구든지 형제의 잘못을 아파하지 않고 오히려 그를 비판하거나 창피를 주기 위해서 자기 자신 또는 남에게 드러내면 그는 하느님으로부터 버림받아 그 역시 같은 잘못을 범하거나 아니면 다른 죄를 짓게 된다. 그러면 그는 다른 사람으로부터 지적 받고 놀림 받아 아주 큰 부끄러움을 당하게 된다."[129]

위의 두 성인들에 앞서 성 카시아노스는 이집트의 한 사부가 겪었

---

[126] 대 바실리오스, $E\pi\iota\sigma\tau o\lambda\alpha i$ 1.
[127] 요한 클리막스, $\Lambda\acute{o}\gamma o\varsigma$ 15, 16.
[128] 시로의 이사악, $\Lambda\acute{o}\gamma o\iota$ 5.
[129] 고백자 막시모스, $K\epsilon\varphi\acute{a}\lambda\alpha\iota\alpha\ \pi\epsilon\rho\acute{\iota}\ A\gamma\acute{a}\pi\eta\varsigma$ 3, 73, PG 90, 1040β.

던 경험담을 전해주었다.

"마키티스 사부는 남을 판단하지 말아야한다는 가르침을 주면서 다음과 같이 말했다. '내가 형제들을 질책한 것이 세 번 있네. 한번은 목이 심하게 아파서 목에 있던 목젖을 수술로 제거한 형제들을 혼낸 일일세. 두 번째는 켈리에 이불을 가지고 있던 형제들을 혼낸 일이고, 세 번째는 신자들이 기름을 가져와 축복해달라고 강제로 조르는데 그들의 요구에 응해 주었던 형제들을 혼낸 일일세. 그런데 나중에 나도 혼낸 그 세 가지의 경우에 똑같이 빠진 적이 있지. 한번은 너무 목이 부어서 그 아픔이 이루 말할 수 없었지. 도저히 그 고통을 참을 수 없는데다가 모든 수도자들의 조언으로 목젖을 수술하는 것에 동의하였다네. 이 병으로 수술을 받게 된 나는 어쩔 수 없이 이불을 사용할 수밖에 없게 되었지. 그리고 나는 신자들이 기름을 가지고 와서 축성해달라고 계속 조르는 것을 무척 싫어했어. 왜냐하면 기름을 축성하는 행위가 마음의 교만에서 오는 것처럼 여겨졌기 때문이었지. 그런데 언젠가 일부 신자들이 나를 둘러싸서 도저히 빠져나갈 수 없는 상황이 되었지. 신자들이 나를 얼마나 밀쳐내고 기름축성을 요구하는지 어쩔 수 없이 그들이 가져온 기름병에 십자성호를 그어 축복해 주었지. 그들은 이런 방법으로 축복된 기름을 얻은 것이라 생각하며 그때서야 나를 가만히 놔두었어.'"[130]

『사막 교부들의 금언집』에서 이와 비슷한 이야기가 있다.

"한 형제가 피메나 사부에게 말하길 어떤 잘못에 대해 비난받는 형제가 있다면 저는 그를 저의 켈리에 들여놓을 마음이 없습니다. 하지만, 반대의 경우인 형제가 있다면 저는 기쁘게 그를 맞이할 것입니다. 그러자 사부는 그에게 말했다. 만약 네가 선한 형제에게 좋은 것을 해준다면, 다른 형제에게는 두 배로 해야 한다. 왜냐하면 그 형제는 병자이기 때문이다. 언젠가 한 공동체에 디모테오라고 하는 순례자가 살

---

[130] 카시아노스, *De Institutis* 5, 30, 1-2, SCh 109. 참조. 각주115.

고 있었다. 그런데 한 형제가 사탄의 유혹 땜에 고통 받고 있다는 사실을 공동체의 원장이 들었다. 그래서 그는 디모테오 순례자의 의견을 들으러 찾아갔다. 순례자는 그 형제를 내쫓으라고 충고했다. 원장이 그 형제를 내쫓자 형제를 괴롭혔던 유혹이 디모테오에게 들어갔다. 그 유혹의 정도가 얼마나 심한지 그는 위험한 상황까지 몰리게 되었다. 그러자 순례자는 눈물을 흘리며 하느님께 간구하였다. '하느님, 제가 죄를 지었습니다. 저를 용서해 주십시오.' 그러자 다음과 같은 소리가 들려왔다. '디모테오, 지금 네가 겪고 있는 그 고통을 내가 허락한 이유는 네가 유혹의 고통에 처해 있던 형제를 도와주지 않았기 때문이다. 그러니 다른 이유가 있다고 생각하지 말라.'"[131]

『사부집』에도 이와 유사한 이야기가 전해진다.

"카시아노스 사부는 자주 모세 사부의 가르침을 언급하였는데 그 내용은 다음과 같다.

누구든지 자기에게 일어나는 생각들을 감추지 말고 영적 사부들에게 고백하며 맡기는 게 좋다. 여기서 영적 사부들이란 백발노인을 의미하는 것이 아니다. 많은 사람들은 나이에 연연한 관계로 지극한 노인을 사부로 생각하고 자신의 고민과 영적 상담을 하다가 오히려 더 큰 낭패를 보게 되는 경우가 있다. 왜냐하면 그 사부가 영적 체험이 별로 없는 사람이기 때문이다. 언젠가 한 훌륭한 형제가 있었는데 사탄이 음란한 유혹으로 그를 괴롭히기 시작하였다. 그는 한 사부를 찾아가 그에게 일어나는 음란한 생각들을 고백하였다. 그런데 그 사부는 영적 체험이 없는 사람으로서 그의 말을 듣고는 화를 내며 어떻게 수도자가 그런 생각을 품을 수 있느냐고 불쌍한 인간이요 수도자로서 합당치 못한 인간이라고 비난하였다. 형제는 사부의 말을 듣고 절망에 빠졌다. 그리고 그의 켈리를 나와 속세로 나갔다. 하지만 하느님께서는 그를 지켜보고 계셨다. 그가 세상을 향해 나가고 있을 때 아폴로

---

[131] 사막 교부들의 금언집, *Ποιμήν* 70, PG 65, 337D-340A.

사부를 만나게 되었다. 사부는 그가 심한 정신적 충격 속에 있음과 절망에 빠져있음을 보고 그에게 물었다. '형제여, 왜 그렇게 침통한가?' 하지만 수도자는 너무나 슬픈 나머지 아무 대답도 하지 않았다. 하지만 사부의 계속된 요청에 그가 겪은 이야기를 해주었다. '음란한 생각이 저를 괴롭혔습니다. 그래서 한 사부를 찾아가 그 사실을 이야기 했습니다. 그런데 그 사부의 말에 따르면 저는 구원의 희망이 없답니다. 그래서 자포자기한 채 속세로 나가기로 한 것입니다.' 아폴로 사부가 그 말을 듣고 지혜로운 의사처럼 많은 시간 그를 위로하고 조언하며 다음과 같이 말해주었다. '형제여, 놀라지도 말고 절망하지도 말라. 내가 지금 이토록 나이를 많이 먹어 백발이 성성한데도 아직도 그런 생각들이 나를 괴롭힌단다. 그러니 그런 공격으로부터 너의 열정을 잃지 마라. 그것은 인간의 노력으로 치유되는 것이 아니라 하느님의 은총으로 치유되는 거란다. 그러니 너는 켈리로 돌아가 나에게 하루의 시간을 다오.' 아폴로 사부는 그와 헤어진 후 형제를 절망하게 만든 그 사부가 수도하는 거처로 갔다. 그리고 그 켈리 밖에 서서 눈물로 다음과 같이 하느님께 간구하였다. '인간의 유익을 위해 유혹을 허락하시는 주님, 형제가 겪었던 그 유혹을 저 사부에게 보내시어 젊은 형제가 고통 속에서 투쟁했던 그 아픔을 늙은 나이에 겪게 하시고 사탄과 전쟁을 치르는 사람들과 함께 아파하고 함께 고통 받고 함께 힘이 되어 주어야 한다는 사실을 깨닫게 하소서.' 그 기도가 끝나자마자 갑자기 사탄이 그의 켈리 근처로 와서 그 사부를 향해 활을 당기는 것이 보였다. 활을 맞자 그 사부는 술 취한 사람처럼 그의 켈리를 돌아다니기 시작했다. 그리고 마침내 그 유혹을 이겨내지 못하고 그곳에서 빠져나와 세상으로 향했다. 아폴로 사부는 그에게 무슨 일이 일어났는지 알고 그를 만나 '어디를 갑니까?' 하고 물었다. 그리고 '무엇이 당신을 이렇게 당황스럽게 했습니까?' 하고 다시 물었다. 그 사부는 자신의 상태가 드러난 것을 알게 되자 창피스러워 말 한마디 하지 못했다. 그

3. 수도자들은 *비난과 비판이 왜 나쁜 것인가에 대해* 설명한다.

러자 아폴로 사부는 그에게 말했다. '당신의 켈리로 돌아가 지금부터 죽을 때까지 당신의 병을 느끼면서 사시오. 그리고 당신 자신이 사탄으로부터 잊혀졌거나 아니면 무시당해 대 사부들이 투쟁했던 사탄과의 전쟁을 치르지 않았다는 것을 깨달으시오. 당신에게 벌어진 이 모든 것은 우리 공동의 적과 전쟁을 치르고 있던 한 젊은 형제가 도움을 받기 위해 당신을 찾았는데 당신은 주님의 말씀인 '상한 갈대도 꺾지 않고 꺼져가는 심지도 끄지 않으리라.'(마태복음 12:20)라는 가르침을 망각한 채 도움을 주기는커녕 오히려 그를 절망에 빠뜨렸기 때문이오. 하느님의 은총이 인간의 연약함을 지켜주지 않는다면 그 누구도 적의 공격을 견대내지 못하고 선천적으로 끓어오르는 열기를 끄지 못하는 법이오."[132]

물론 남을 비판하는 사람이 언제나 비판한 것과 같은 죄에 빠지는 것은 아니며, 드러나든지 아니면 드러나지 않든지 다른 여러 가지 죄에 빠지는 경우도 많다. 한 저자가 문답식으로 기록한 시나이인 아나스타시오스 사부의 가르침을 보면 몽정을 하는 여러 가지 이유 중의 하나가 '죄를 짓는 사람들을 판단하는 것'[133]이라 하였다. 시로스의 성 이사악은 '형제들이 많이 모여 있는 장소에서 어떤 형제를 비판하는 사람은 자신의 상처만 더 곪게 만드는 것'[134]이라고 강조하였다.

마지막으로 이사야 사부의 가르침을 들어보자.

"만약 네가 어떤 잘못을 범하는 형제를 보게 되면 그를 비웃지 마라. 또한 비아냥거리거나 사려 깊지 못한 말을 해서 그를 참담하게 만들지 마라. 만약 네가 지식도 있고, 학식이 있어 보잘 것 없는 사람을 비난하거나 비판한다면, 너 역시 비난과 비판의 대상이 되는 순간이 올 것인데 지식층으로부터 뿐만이 아니라 일반 사람들은 물론 여자들

---

[132] *Ανέκδοτο Γεροντικό*, 참조. 각주31, ff. 27ᵛ-28ᵛ.
[133] 시나이인 위 아나스타시오스, *Ερωτήσεις και Αποκρίσεις* 98, PG 89, 392A.
[134] 시로의 이사악, *Λόγοι* 73.

과 아이들에게조차도 비웃음의 대상이 될 것이다. '사람은 무엇을 심든지 자기가 심은 것을 그대로 거둘 것이다.'(갈라디아서 6:7)라는 말씀이 네게 사실로 드러나게 될 것이다."[135]

(3) 비난과 비판은 정신을 흐리게 하고 은총을 내쫓는다.

위에서 언급한 죄들이 유발하는 그 폐해는 정신까지도 예외가 아니다. 이사야 사부는 '형제를 비난하는 행동과 나태함은 인간의 정신을 혼탁하게 해 하느님의 빛을 온전히 보지 못하게 한다.'[136]라고 지적하였다. 클리막스의 성 요한은 비난과 비판으로 야기된 인간 정신의 혼탁이 내면에 '악담의 사고'[137]가 생겨날 때라고 광범위하게 설명한다.

하느님의 은총을 멀리하게 되는 이유에 대해서 살펴보자.

"언젠가 두 명의 수도자들이 한 공동체에서 수도생활을 하였다. 그 둘은 하느님의 인정을 받아 하느님의 은총이 서로를 비추고 있음을 보았다. 어느 금요일 둘 중의 한 명이 공동체 밖으로 일하러 나갔다. 거기서 아침 일찍부터 음식을 먹고 있는 한 수도자를 만나게 되었다. 그는 화가 나서 그 수도자에게 '어떻게 이른 아침부터 음식을 먹었소? 게다가 오늘은 금요일 아니요?' 하며 따지듯 물었다. 하루가 지난 다음날, 수도원에서 형제들이 모였을 때 수도원에 남아있던 형제가 그를 보았는데 하느님의 은총이 없어진 것을 알게 되었다. 후에 형제가 그에게 물었다. '형제, 무슨 일 있었나? 자네에게 머물렀던 하느님의 은총이 보이질 않네.' 그러자 그는 '글쎄, 난 그 어떤 사악한 생각이나 행동을 한 적이 없는 것 같은데….' 그러자 형제가 다시 물었다. '혹시 무슨 대화 같은 것도 없었나?' 그러자 그는 어저께 있었던 일이 생각

---

[135] 이사야, Αποσπάσματα Λόγων.
[136] 이사야, Λόγοι 26, 3.
[137] 요한 클리막스, Λόγος 23, 12.

3. 수도자들은 비난과 비판이 왜 나쁜 것인가에 대해 설명한다. 73

나 '아, 어제 한 형제를 보았는데 금요일 이른 아침부터 음식을 먹는 것을 보고 그를 책망한 사실이 있는데 아마도 그것이 나의 죄가 된 듯하네'. 하고 대답하였다. 그리고 형제에게 '미안하지만 나와 함께 2주 동안 있어주게. 그리고 하느님께서 나를 용서해 주시도록 기도해 주시게나.' 하고 요청하였다. 이렇게 해서 그 둘은 2주간 함께 하느님께 간구를 드렸다. 그리고 2주가 지난 후 다시 하느님의 은총이 그 형제에게 내려오는 것이 보였다. 그 둘은 큰 기쁨을 느끼며 하느님께 감사를 드렸다."[138]

---

[138] *Ανέκδοτο Γεροντικό*, 참조. 각주31, f. 67v.

4. 비난과 비판에 대해 수도자들은 우리에게 무엇을 가르치는가?

1) 판단은 언제 허락되는가?

지금까지 비난과 비판이 얼마나 나쁜 것인가에 대해 수도자들의 가르침을 살펴보았다. 그렇다면 비난하지 않고도 어떤 형제의 잘못을 알릴 수 있는 경우는 없는 것인가?

우리는 이미 서론에서 세상과 또 개인의 삶의 관계에서의 판단의 의미를 일반적으로 논했고 그러한 판단이 단지 허용될 뿐만 아니라 필요한 몇 개의 구체적 예들도 언급하였다. 우리는 이번 장에서는 전체적인 관점에서 살펴보기보다 이 책이 의도하는 목적에 부합하도록 각 개인의 삶과 연관된 판단에 국한시켜 살펴보고자 한다.

성 대 바실리오스는 그의 수행록 『소 규칙서』에서 "판단하지 않으면 판단받지 않는다는 것이 무엇입니까?"라는 질문에 다음과 같이 대답하고 있다.

"주님께서 어떤 때는 '남을 판단하지 말라. 그러면 판단 받지 않을 것이다.'라 하셨고 다른 경우에는 '공정하게 판단하라.'고 가르치셨듯이 우리에게 판단을 완전히 금하신 것이 아니라 판단의 기준이 다름을 보여 주셨다. 사도 바울로는 이 기준에 대해 즉, 언제 판단이 허용되고 언제 판단이 금해지는지에 대해 분명하게 또 여러 번 밝혔다. 또한 성서에서 금하지 않는 주제–음식이 깨끗하다, 또는 아니다 등등. 음식의 종류에 주의를 기울이는 것–에 대한 판단도 금했다. 그러나 사도 바울로는 하느님께서 좋아하시지 않는 것에 대해 판단하지 않는 사람을 꾸짖었다. 그래서 사도 바울로는 '나는 몸은 비록 멀리 떨어져 있지만 마음으로는 여러분과 함께 있습니다. 그래서 내가 여러분과 함께 있는 것과 다름없이 그런 짓을 한 자를 우리 주 예수의 이름으로 이미 단죄하였습니다.'(고린토 I 5:3)라고 그의 입장을 표명하였다. 하지만 '그러므로 주님께서 오실 때까지는 무슨 일이나 미리 앞질러 심판해서는 안 됩니다. 주님께서 오시면 어둠 속에 감추어진 것을 밝혀 내시고 사람의 마음 속 생각을 드러내실 것입니다.'(고린토 I 4:5)라는 사도의 말씀처럼 개인적이고 불분명한 것에 대해서는 판단을 하지 않아야 한다. 누구든지 하느님의 법을 실천하기 위해 노력해야 한다. 그렇지 않으면 자칫 무관심으로 그 역시 죄를 짓는 자와 함께 벌을 받는 사유가 될 수 있기 때문이다. 누구를 막론하고 판단하는 사람은 판단 받는 사람이 범한 잘못에 빠지지 않도록 유의해야 한다. 그래야만 잘못한 형제의 잘못을 고치는 명분을 갖게 된다. 그렇지 않다면, 주님께서 '먼저 네 눈에서 들보를 빼내어라. 그래야 눈이 잘 보여 형제의 눈에서 티를 빼낼 수 있지 않겠느냐?'라는 말씀이 옳을 것이다."[139]

또한 수행록 『소 규칙서』에는 '무엇이 비난입니까?'라는 질문에 다음과 같이 기록하고 있다.

"나는 어떤 형제의 잘못에 대해 말할 수 있는 경우가 두 가지가 있다고 생각한다. 첫 번째는 죄를 진 형제를 고치기 위한 방법으로서 분별의 능력을 가진 영적 사부들과 상담할 필요에 놓인 경우이고, 두 번째는 그 형제가 악인임에도 그 사실을 제대로 알지 못한 채 선한 사람으로 여겨 관계를 갖고자 하는 형제들을 보호하기 위한 경우이다. 사도 바울로는 그런 사람과의 친교를 엄격하게 금하였다. 그래서 그는 누구든지 형제를 보호하는 일을 기피한다면 그는 그의 목에 비수를 꽂으려 하는 것과 다름없다고 하였다. 사도 바울로는 디모테오에게 써 보낸 편지에서 '구리 세공을 하는 알렉산드로가 나를 몹시 괴롭혔습니다. 그대도 그를 경계하시오.'(디모테 II 4:7)라고 조언하면서 그 자신이 그런 경우에 그렇게 대처했음을 보여주었다."[140]

---

[139] 대 바실리오스, 'Ὄροι κατ' Ἐπιτομήν, 164, ΒΕΠΕΣ 53, 295, 28.
[140] ibid., 25, ΒΕΠΕΣ 53, 241, 28.

우리는 이 부분에서 성 대 바실리오스가 이와 유사한 경우에서 취했던 행동을 기억할 필요가 있다. 성인은 그의 편지에서 어떤 사람에 대해 아주 부정적인 입장을 적었는데 그 이유는 편지를 받아보는 사람들을 보호하려는 목적이 있었다. 그럼, 그의 편지에서 현존하는 해당 부분을 발췌하여 살펴보자.

"그의 경우는 참으로 어려워 보인다. 그렇게 쉽게 변하는 사람 앞에서 어찌해야 할지 당황스럽기 그지없다. 누구든지 그를 보면 이구동성으로 희망이 없다고 말한다. 잘잘못을 살펴보기 위해 그를 부르면 오지 않으며, 만약 와도 그의 결백만을 주장할 뿐이다. 그를 만나면 가능하면 최대한 빨리 헤어지고 싶은 마음뿐이다. 또한 그는 수시로 자신을 비난하는 사람들에게 그 모든 책임을 지운다. 나는 지구상에서 그렇게 변화무쌍하고 악으로 흐르는 사람을 본 적이 없다. 누구라도 그와 잠시 관계를 맺어보면 똑같은 결론을 얻을 것이다. 그럼에도 당신들은 하느님께서 내리시는 분노처럼 그의 악행을 감내하지 않고 왜 나에게 이 일에 개입해 달라고 요청하는가? 당신들이 그의 악행에 물들지 않기 위해서는 집에서 함께 드리는 기도모임에서 그를 배제하고 다른 성직자들과 그의 친교를 단절시키는 것이 좋을 것이다. 만약 그렇게 그로부터 당신들을 지켜낸다면 아마도 그가 부끄러워하게 될지도 모른다."[141]

수도자들이 그들의 능력으로 어떤 형제의 잘못을 고쳐줄 수 없을 때 그 형제의 영적인 유익을 위하여 수도원 원장에게 그 사실을 밝혀야 한다고 서론에서 이미 서술한 내용을 성 대 바실리오스의 가르침으로 정리하고자 한다.

언제 형제에 대한 판단을 표명할 수 있는가에 관한 성 대 바실리오스의 가르침을 요약하면 세 가지로 나눠 볼 수 있다.

1. 어떤 형제가 하느님의 뜻과 반대되는 행동을 하는 것을 볼 때 치

---

[141] 대 바실리오스, *Επιστολαί* 287, ΒΕΠΕΣ 55, 348, 6.

료할 수 없는 상태로 커지는 것을 막기 위해 그의 죄를 알린다. 그러나 이 경우에 고쳐주려는 형제가 잘못한 형제와 같은 죄를 범하지 않았어야 한다.

2. 죄를 지은 형제를 고쳐주기 위해 분별의 능력을 갖춘 사부들과 그의 잘못에 대해 논의할 때.

3. 형제들이 무지에 의해 어떤 좋지 않은 형제와 관계를 맺어 죄의 위험에 빠질 가능성을 예방할 때. 이 경우에는 그들이 겪게 될 위험을 알려줄 수 있다.

후대의 사부들도 거의 같은 입장을 나타냈다. 바르사누피오스 사부는 한 형제의 질문에 다음과 같이 답했다.

"만약 네가 정욕으로부터 자유롭다면 그때는 비난이 아니고 악이 커지지 못하도록 하기 위한 방편이다"[142]

고백자 성 막시모스도 유사한 가르침을 주고 있다.

"형제의 잘못에 대해 사리사욕 없이 언급할 수 있는 두 가지 경우가 있다. 하나는 그 형제를 고쳐주기 위함이고 두 번째는 다른 형제에게 도움을 주기 위해서다. 그런데 이 두 가지 경우를 제외하고 형제의 잘못을 남에게 발설하면 그것은 그 형제를 욕되게 하거나 폄훼하기 위한 것이다. 이런 경우에 그는 하느님으로부터 버림을 받게 된다…."[143]

바르사누피오스 사부와 막시모스 성인은 성 대 바실리오스와 거의 같은 가르침을 언급하고 있지만 그들은 특별한 의미를 갖는 판단의 한 단면을 강조하고 있다. 그 단면은 바로 마음상태이다. 일반적으로 순수한 의도가 없다면 그때는 비록 좋게 보이는 행실일지라도 죄를 유발하는 동기가 될 수가 있다. 바로 이런 연유로 수도자들은 그 어떤 판단도 내리길 주저했고 우리에게 그런 가르침을 주었던 것이다.

판단이 허용되는 마지막 경우는 이단의 교리를 물리치기 위한 경우

---

[142] 바르사누피오스와 요한, *Επιστολαί* 608.
[143] 고백자 막시모스, *Κεφάλαια περί Αγάπης* 3, 73, PG 90, 1040B.

이다. 시나이인 성 아나스타시오스는 일부 사람들이 성직자들을 비판하는 현상을 언급하면서 그런 행실은 용납될 수 없는 것이라고 강조하였다. 사람들이 성직자를 비판하는 그런 행실이 받아들여지는 단 하나의 경우는 '교리문제에 있어 잘못을 한 경우'[144]이다. 하지만 이 점에서는 아주 조심해야 한다. 왜냐하면 교리적 내용이나 교리적 잘못의 확인이 개인에게 결코 쉬운 것이 아니기 때문이다. 많은 경우 올바른 신학적 교육을 받지 않았거나 아니면 올바른 판단력을 지니지 못해 잘못된 교리로 오인하는 경우가 발생한다. 성 대 바실리오스에게도 이와 비슷한 사례가 있어 이에 관한 주제에 대해 장문의 편지를 쓴 적이 있었다. 그 편지에서 유용한 일부의 내용을 발췌해서 살펴보자.

"만약 믿음의 문제와 연관된 잘못이라면 그 부분이 들어있는 편지 내용을 지적해다오. 그러나 이 경우에는 객관성이 유지되어야 한다. 어떤 잘못된 편지를 읽었다고 하자. 그러면 그 내용에 대한 검토가 이루어진다. 그런데 그 편지의 내용에 문제가 있기보다는 비난하는 사람의 무지에 기인하는 잘못일 개연성도 크다. 좋은 것들이 올바른 판단을 하지 못하는 사람들에게는 좋고 옳게 보이지 않는다. 이런 잘못된 판단으로 많은 사람들은 여러 가지 물체의 부피만 보고 그것들의 무게를 결정해 버리는 오류를 범하곤 한다. 꿀도 일부사람들에게 쓰게 느껴지는데 그것은 그들이 겪는 병으로 그의 미각을 잃었기 때문이다. 또한 나쁜 시력의 한쪽 눈으로 주변의 많은 것을 제대로 볼 수 없음에도 보고 있는 것처럼 상상한다. 표현에서도 이와 유사한 경우가 자주 일어난다. 읽는 문장의 내용보다 지적 능력이 더 아래인 사람이 그 표현을 판단하는 경우이다. 이런 점에서 책을 쓰는 사람과 그 내용을 판단하는 사람은 거의 같은 수준의 학식을 가져야 한다. 농업을 모르면서 농사일을 판단할 수 없고 음악 교육을 받지 않고 연주 부분이 옳고 그름을 구분할 수 없는데 어떻게 자기를 지도한 스승도 없고 교

---

[144] 시나이인 아나스타시오스, *Λόγος περί της Αγίας Συνάξεως*, **PG 89, 848A**.

육을 받은 기간도 없으며 표현에 대한 그 어떤 개념도 없으면서 어떻게 그렇게도 쉽게 심판자가 되기를 원하는가? 성령의 말씀에 대해서도 똑같다. 즉 분별의 영을 가지고 있는 사람에게만 성령의 말씀이 헤아려지는 것이지 모든 사람에게 그 뜻이 허락되는 것이 아니다."[145]

이 장을 끝내기 전에 비난과 비판의 잘못된 행태에 대해 꾸짖는 사부들의 수많은 경우에서 극히 일부만 판단과 그 사실을 공지하는 것이 허락되었다는 점을 직시할 필요가 있다. 이런 사실은 우리가 얼마나 남을 판단할 때 주의를 기울여야 하는지 그리고 그 동기를 깊이 되새겨봐야 하는지를 가르쳐준다. 아무튼, 수도생활의 첫 걸음을 걷고 있는 형제들에게 가장 안전한 것은 그 어떤 경우라도 판단을 피하려 노력하는 것이다.

2) 비난과 비판의 정욕으로부터 어떻게 고쳐질 수 있는가?

수도자들은 이 두 가지에 대항하기 위한 특별한 맞춤형 교육을 전해주지 않았다. 그것은 이 두 정욕뿐만 아니라 다른 정욕에 대한 본질적 대처 방법에 공통분모가 있기 때문이다. 이번 장에서 우리는 오늘날 비난과 비판에 대처하는 그리스도교인들이 유의하여야 할 투쟁에 대해서 심도있게 살펴보려 한다.

사막의 교부들의 가르침을 살피기 전에 일반적인 정욕은 물론 우리가 지금 다루고 있는 비난과 비판에 대한 정욕의 치료가 지적인 문제가 아니라 결단과 수행의 문제라는 점을 밝힐 필요가 있다. 그래서 가장 좋은 대처 방법은 행동으로써 실천하는 것이다. 반대로 영혼의 신실함 없는 지식은 인간을 더 완고하게 만든다. 왜냐하면 무지에 대한 두려움을 제거하거나 인간을 절망으로 이끌기 때문이다.

---

[145] 대 바실리오스, *Επιστολαί* 204, 5, ΒΕΠΕΣ 55, 236, 13.

사부들은 일반적으로 비난과 비판에 대한 대처로서 두 가지 방법을 제시한다. 첫 번째는 부정적인 방법, 즉 그것들을 어떻게 피할 것인가이고 두 번째는 그것들을 어떻게 이겨낼 수 있을 것인가이다.

(1) 부정적 방법

이 방법은 두 가지로 나눌 수 있다.

첫 번째는 비난하는 자들을 우리 가까이에서 멀리하라는 사부들의 충고이다. 이 충고는 비난하는 자들이 범하는 그릇된 행위를 사전에 예방할 뿐 아니라 그들의 말을 듣는 우리를 보호하는 데에도 그 의미가 있다. 실제로 누군가가 비난자의 말에 귀를 기울인다는 것은 그의 말을 듣고자 하는 마음이 있기 때문이다. 그것은 그의 말에 공감을 한다는 것과 같으며 그 역시 죄를 짓는 것이다. 더구나 비난하는 사람들은 그들의 말을 듣는 우리의 자세에 따라 달라진다. 이점에서 성 사바 수도원의 성 안디오호스는 분명하게 말하고 있다.

"만약 형제를 폄훼하는 말을 우리가 귀담아 듣는다면 비난하는 자를 책망하기보다 우리 자신을 탓해야 한다. 비난하는 사람들은 우리의 마음상태에 따라 달라지는 것이다"[146]

그것은 비난하는 자의 말을 귀담아 듣는 그 사람도 같은 죄를 짓는 것이다. 한 형제가 은둔수도자 요한에게 물었다. '그 누구도 비난한 적이 없는 사람이 비난하는 자의 말을 기쁘게 듣는다면 그 형제도 심판 받습니까?' 그러자 성 요한은 대답했다. '누구든지 비난하는 말을 기쁘게 들으면 비난하는 것과 같으며 같은 벌을 받을 것이다.'[147]

성 안디오호스도 거의 같은 가르침을 주고 있다.

"누구든지 전혀 비난하지 않는 것은 좋은 것이다. 또한 비난하는 사

---

[146] 사바 수도원의 안디오호스, *Λόγοι* 29, PG 89, 1529C.
[147] 바르사누피오스와 요한, *Επιστολαί* 561.

람의 말을 기쁘게 듣지 않는 것 역시 그렇다. 만약 비난하는 사람의 말이 사실이라 믿고 들어준다면 비난하는 자가 짓는 죄와 똑같은 죄인이 될 것이다. 왜냐하면 비난하는 자의 그 말을 믿음으로써 형제에 대한 적대감이 싹트기 때문이다."148

시로의 성 이사악은 다음과 같이 부언한다.

"만물의 주관자를 볼 수 있는 깨끗함을 네가 사랑한다면 비난도 하지 말고 비난하는 말도 듣지 말라. 만약 네 눈앞에서 형제들이 다투고 있는 모습을 보게 되면 그들이 다투는 소리를 듣지 말고 네 영혼의 안전을 위해서 너의 귀를 닫고 그곳을 떠나라."149

우리가 위에서 언급한 것처럼, 그리스도교인은 남을 해하는 사람들과의 관계를 멀리해야 한다. 암모나 사부는 다음과 같이 가르치고 있다.

"만약 어떤 사람이 형제를 비난하고 비하하면서 악의를 보이면 그를 피해 원치 않는 불미스런 일이 네게 발생하지 않도록 하라."150

가장 좋은 방법은 비난하는 내용이 진실에 부합하더라도 그들의 말을 듣지 않는 것이다.

고백자 성 막시모스는 이 문제에 대해 어떻게 말하고 있는지 살펴보자.

"형제에 대한 나쁜 말을 전해, 네게 그 형제에 대한 반감이나 적대감을 불러오는 사람들을 친구로 여기지 말고 독사처럼 멀리해라. 그렇게 해야 비난하는 그들을 중지시킬 수 있고 너의 영혼 또한 악에서 벗어날 수 있게 된다."151

클리막스의 성 요한은 더 확고한 입장을 보였다. 비난자와의 관계를 단절하라고 충고한다.

---

148 사바 수도원의 안디오호스, *Λόγοι* 29, PG 89, 1529CD.
149 시로의 이사악, *Λόγοι* 43.
150 암모나스, *Λόγος περί των Θελόντων Ησυχάσαι*, ΒΕΠΕΣ 40, 67, 33.
151 고백자 막시모스, *Κεφάλαια περί Αγάπης* 4, 31, PG 90, 1053D.

"너의 이웃을 비난하는 사람을 대할 때 우물쭈물 하지 마라. 오히려 그에게 '그만두게, 형제여. 내가 지은 일상의 죄들은 그 형제보다 더 추하다네. 그런데 내가 어떻게 그를 비판할 수 있겠나?' 하고 단호하게 말해라. 이 방법으로 너는 네 자신은 물론 그 역시 치유를 할 수 있는 두 가지의 유익을 얻을 수 있다."152

비난을 피하기 아주 힘든 경우가 있다. 그것은 우리에게 못되게 행동했던 형제에 대해 다른 형제가 그에 대한 비난을 우리에게 할 때이다. 이런 경우에 사부들은 어떤 가르침을 주었는지 살펴보자.

이사야 사부는 다음과 같이 말했다.

"만약 한 형제가 너를 나쁘게 대했는데 다른 형제가 네게 와서 그 형제를 비난한다면, 네 마음속에서 그에 대한 감정이 되살아나지 않도록 네 마음을 다스려라. 하느님께서 네 죄들을 용서하기를 원한다면 너 역시 형제에 대한 미움을 피해야 한다."153

두 번째는 남의 사생활에 관심을 기울이거나 호기심을 갖지 않는 것이다. 이 고난도의 수련은 우리가 악한 사람 앞에서나 또는 선한 사람 앞에서도 태연하게 −무관심과는 다르다. 왜냐하면 무관심은 옳은 방법이 아니기 때문이다.− 대처하는 수준에까지 이르게 한다. '교부들의 금언집'에서 모세 사부는 한 형제에게 다음과 같이 가르쳤다.

"우리가 우리의 죄들을 살펴본다면 우리는 다른 형제의 죄들을 살펴볼 시간이 없다. 그러니 자신의 주검을 놔두고 다른 사람의 주검에 가서 우는 사람이 얼마나 어리석은 사람인가? '옆 사람을 위해 네가 죽는다.'는 말의 의미는 그 사람은 좋은 사람이네, 아니네, 하면서 다른 사람들의 일에 관심을 갖지 말고 네 죄들을 살펴보라는 것이다."154

다른 사람에 대한 호기심은 우리의 잘못을 다시금 확인하고 우리

---

152 요한 클리막스, Λόγος 10, 7.
153 이사야, Λόγοι 4,1.
154 사막 교부들의 금언집, Μωυσῆς 18, PG 65, 289AB.

4. 비난과 비판에 대해 수도자들은 우리에게 무엇을 가르치는가?

자신을 되돌아 볼 수 있는 마음과 시간을 빼앗는다.

앙기라의 성 닐로스는 분명하게 밝히고 있다.

"남의 생각에 관심을 기울이는 사람은 진정 자기 자신의 행실을 살펴보지 않는다."[155]

반면에 남의 일에 참견하지 않는 사람은 남을 판단하거나 비판할 여지가 없다. 따라서 하느님으로부터 그 보상을 받고 구원된다. 이 부분에 대해 정교회의 스승이자 심오한 신학자인 고백자 성 막시모스의 가르침을 보자. 그의 저서 『문답집』에서는 어떻게 사람이 구원되는지에 대한 질문과 네 가지 방법을 언급하고 있다. 그 중의 한 가지 방법은 다음과 같다.

"'판단하지 말라, 그러면 판단 받지 않을 것이다.'라는 주님의 말씀을 깊이 새기고 남의 사생활에 대해 판단하지 않고 지낸다면 그가 비록 죄인일지라도 그 역시 판단 받지 않는다. 왜냐하면 주님의 계명을 지켰기 때문이다. 거짓이 없으신 하느님은 당신이 주신 계명을 결코 잊지 않는다."[156]

시나이인 성 아나스타시오스도 같은 가르침을 주고 있다.

"언젠가 대 수도자가 깊은 병에 들었는데, 그는 수도생애 동안 나태함과 영적 게으름 속에 살았다. 그런데도 그는 죽음이 임박한 상황에서도 전혀 죽음을 두려워하는 모습이 아니었다. 오히려 기쁘게 죽음을 기다리고 있었다. 그 자리를 지키고 있던 수도자들 중에 존경받는 한 사람이 그에게 말했다. '형제여, 죽음을 맞이한 이 시점에 당신이 이토록 태연한 것을 이해하지 못하겠습니다. 당신은 수도생애 내내 나태함과 게으름 속에서 지내지 않았습니까?' 그러자 그는 다음과 같이 대답했다. '맞는 말이네, 나는 형제들이 말한 것처럼 그렇게 살았네. 그런데 조금 전 하느님의 천사가 나타나 수도서원을 한 그때부터 그동안

---

[155] 앙기라의 닐로스, Πρὸς Εὐλόγιον Μοναχόν 17, PG 79, 116A.
[156] 고백자 막시모스, Πεύσεις και Ἀποκρίσεις 26, PG 90, 805C.

내가 지은 죄목을 가지고 와서 나에게 읽어주었네. 그리곤 나에게 그 죄들을 기억하고 있느냐고 물었지. 그래서 나는 알고 있다고 대답했네. 하지만 나는 천사에게 내가 수도자가 된 이후 한 번도 남을 비판하거나 그 누구에게도 미움을 갖지 않았다고 말했지. 그리고 나서 '판단하지마라, 그러면 판단 받지 않을 것이다.' 그리고 '너희가 용서하면 용서받을 것이다.'라는 주님의 말씀이 내게도 유효하게 해 달라고 간청 드렸지. 그러자 천사는 바로 그 자리에서 나의 죄목을 기록한 문서를 찢어 버렸어.' 그는 그 곳에 있던 형제들에게 이 말을 하면서 평화롭게 그의 영혼을 주님께 맡겼다. 동시에 그 자리에 있던 모든 형제들은 그의 말에 많은 영적 유익함을 얻는 계기가 되었다."157

(2) 긍정적 방법

이 방법은 세 가지로 나눌 수 있다. 첫 번째는 우리 자신을 살피라는 수도자들의 충고이다.

이것은 단지 큰 죄에 대한 투쟁만을 목표로 하지 않고 아주 사소한 잘못조차도 그 대상이 된다. 왜냐하면 우리가 쉽게 간과하는 작은 것들이 점점 큰 죄로 발전하기 때문이다.

성 도로테오스는 이점을 아주 잘 표현하고 있다.

"만약 우리가 거룩한 사부들의 말씀을 기억하고 언제나 그들의 가르침에 주의를 기울이면 우리가 죄를 짓거나 우리 자신을 나태하게 놔두는 것이 쉽지 않을 것이다. 그들의 가르침대로 우리가 작은 잘못이라도 방관하지 않으면 더 크고 무거운 죄에 빠지지 않을 것이다. 우리가 작은 잘못들을 했을 때 '뭐, 이정도 가지고.' 하면서 쉽게 그것들을 무시한다면 우리 영혼에 나쁜 습관이 생겨 점점 더 큰 잘못도 무시하는 경향이 생긴다. 너희는 남을 판단하는 것이 얼마나 큰 죄인지

---

157 시나이인 아나스타시오스, *Λόγος περί της Αγίας Συνάξεως*, **PG 89, 849A**.

잘 알지 않느냐? 사실 그것보다 더 중한 것이 있겠느냐? 교부들에 의하면 남을 판단하는 것보다 더 나쁜 죄는 없다고 했는데 하느님께서 더 혐오하고 미워하는 또 다른 것이 있겠는가? 바로 이 사부들이 사소한 잘못이 아주 큰 죄로 성장한다고 일깨워 주고 있지 않는가! 이웃 형제에 대한 아주 작은 의심이 우리 머릿속에 들어오도록 허락하고 '형제가 뭘 말하는지 듣는 게 그렇게 나쁜가? 나는 그냥 단지 대화만 나누는 것인데 그게 뭐가 그리 나쁘지? 지인이 또는 생소한 사람이 뭘 하려 하는지 보는 것이 그리 나쁘지 않은 것 아닌가?' 하면서 사고 하기 시작하면 그때부터 우리는 우리 자신의 죄를 돌아보지 않고 남의 일에 관계하기 시작한다. 이렇게 이웃형제에 대한 비난과 비판 그리고 폄훼가 이루어진다"[158]

따라서 누구든지 자기 자신을 살피고 자신의 죄를 돌아보는 것이 아주 중요하다. 닐로스 성인은 다음과 같이 말했다.

"잘못을 범한 사람들을 보고 교만으로 가득 찬 심판자처럼 나서지 말라. 반대로 깨어있는 정신으로 네 행실과 네 자신을 살펴라. 네가 어떤 잘못을 행한 후 그 잘못에서 회복됐다고 자랑하지 말라. 지금까지 그 누구도 너를 책망하지 않았다해서 우쭐해지면 불행을 옷처럼 입게 될 것이다."[159]

만약 사람들이 자신의 죄에 관심을 갖는다면 다른 사람의 죄를 볼 시간이나 의향도 없을 것이다. 성 도로테오스는 분명하게 밝히고 있다.

"구원받기를 원하는 사람들은 이웃의 잘못을 살피지 말고 자신의 잘못을 살펴보아야 하며 그렇게 할 때 영적성장을 이룬다."[160]

클리막스의 성 요한은 한층 더 확고하다.

"이웃의 잘못에 대해 엄격하고 이론적 심판자는 그런 정욕에 사로

---

[158] 가자의 도로테오스, *op. cit.*, 6, 69.
[159] 앙기라의 닐로스, Προς Ευλόγιον Μοναχόν 17, **PG** 79, 1116A.
[160] 가자의 도로테오스, *op. cit.*, 6, 70.

잡혀있는 사람들이다. 왜냐하면 그는 스스로의 잘못에 대해서는 그다지 주의를 기울이지 않거나 관심을 갖지 않는 사람이기 때문이다. 그러나 만약 에고이즘의 장막을 걷어내고 자기 자신이 지은 죄들을 주의 깊게 살펴본다면 그는 앞으로 남은 나머지 인생에서 다른 그 어떤 것에도 관심을 기울일 필요가 없을 것이다. 왜냐하면 그동안 그가 지은 잘못을 회개하고 슬퍼하며 요르단 강물처럼 그의 눈에서는 평생 눈물을 흘리며 살아가도 부족함을 느끼기 때문이다."[161]

그리스도교인이 자기 자신의 허물에 대해 관심을 기울여야 하는 것 외에도 비난과 비판의 동기에 주의를 기울이는 것도 중요하다. 그것들은 바로 귀와 눈이다. 이사야 사부는 다음과 같이 가르쳤다.

"만약 어디서 비난의 말을 들으면 그것을 간직하지 마라. 그리고 수도원에 돌아와서도 아무에게도 말하지 말라. 네가 너의 귀를 잘 지켜낸다면 너의 혀가 죄를 짓지 않을 것이다."[162]

이전에 살펴봤던 성 니키타스 스티타토스의 가르침을 다시 한 번 들어보자.

"우리가 영적 나태함으로 우리 자신을 영적으로 제대로 돌보지 않고 형제들을 의심하도록 속삭이는 사탄의 말을 용납하면서 동시에 우리 눈의 움직임을 주시하지 않는다면 사탄은 우리로 하여금 일반 형제늘뿐만 아니라 높은 덕을 쌓은 형제들까지도 비판하게 만든다."[163]

지금 우리가 살펴보고 있는 정욕과 우리 자신과의 상관성에 대해 좀 더 깊이 들어 갈 필요가 있다. 바로 비난과 비판에 대처하는 긍정적인 방법의 두 번째인 겸손이다.

물론 겸손은 모든 덕의 근본이다. 그래서 우리는 지금 다루고 있는 정욕을 이겨내는 방법과 연관되는 겸손에 대해서만 살펴보기로 한다.

---

[161] 요한 클리막스, Λόγος 10, 11.
[162] 이사야, Λόγοι 3, 2.
[163] 니키타스 스티타토스, Πρακτικά Κεφάλαια 63, PG 120, 880D.

처음에 우리는 비난과 비판의 원인이 교만에 있다고 하였다. 따라서 겸손을 가꾸어 나간다는 것은 악의 뿌리를 공격하는 것과 같다. 폰도의 에바그리오스의 가르침을 다시 한 번 언급해보자.

"무엇보다도 겸손하지 않으면 수덕을 할 수가 없다. 왜냐하면 겸손 없이는 하느님의 은총을 멸시하며 성과를 사유화하기 때문이다. 그때 그는 남들을 경멸하고 '그 누구보다도 더 많은 일을 하였다.'라고 말할 것이다."164

이사야 사부는 좀 더 분명하다. 그분의 가르침도 다시 한 번 되새겨 보자.

"겸손이란 남의 나태함을 책망하거나 남을 무시하는 말을 하지 않는 것이다. 겸손한 사람은 남의 결점을 보고자 하는 눈이 없으며 영혼에 유익함을 주지 않는 얘기를 듣는 귀가 없고 다른 사람과 자신이 전혀 차이가 없는 사람이라고 생각한다. 그는 오직 자신의 죄에 대해서만 생각한다."165

그럼에도 불구하고 네가 누군가를 비판하게 된다면 너의 죄를 가지고 그를 판단하라는 이사야 사부의 말을 귀담아 들을 필요가 있다.

"네가 켈리에 앉아있을 때 네 형제를 판단하려는 생각이 떠오르면 그의 죄보다 네가 훨씬 많은 죄가 있다는 사실을 기억하면서 그를 판단하여라. 또한 너의 수덕이 훌륭하다 여겨진다고 하느님께서도 기뻐하셨을 것이라는 상상은 하지마라."166

비판에 대한 독특한 이 방법은 순수하게 수사적 표현이다. 왜냐하면 본질적으로 비판을 피하게끔 간접적 도움을 주면서 자기 자신의 잘못과 허물을 돌아보게 하기 때문이다.

겸손의 덕을 쌓아가는 것과 함께 사부들은 다른 사람들에 대한 관

---

164 폰도의 에바그리오스, *Περί της Ταπεινώσεως*, 참조. 각주24.
165 이사야, *Λόγοι* 8, 6.
166 *ibid.*, 26, 3.

심을 기울일 것을 제시한다. 이 노력은 우리가 지금 살펴보고 있는 정욕들에 대처하기 위한 긍정적 방법의 세 번째 부분이다.

관심의 첫 징표는 다른 사람들을 보는 시선의 변화이다. 즉 다른 사람들의 나약함과 결점들을 확인하고 살펴보기보다 그들의 덕행과 수련에 주의를 기울여 우리 자신과 비교함으로써 우리에게 유익함과 신실한 마음의 자세를 지향하게 해 준다. 은둔자 성 요한도 수도에 더욱 정진하고자 하는 형제들과 다른 형제들이 서로 비난하는 것을 보고 그들의 행실을 꾸짖은 다음 그들에게 이와 같은 제안을 하였다.

"너희들이 서로 다투기보다 '우리는 나태한데 저 형제들은 절제 속에서 수련을 열심히 하는구나.' 하면서 서로에 대해 좋은 것만 생각하는 것이 훨씬 더 좋지 않겠느냐?"[167]

형제에 대한 진일보한 관심의 표현은 그와 함께 아파하는 것이다. 성 사바 수도원의 성 안디오호스는 이 점에 있어 다음과 같이 말했다.

"우리는 우리의 잘못됨을 슬퍼하라는 그 말씀을 생각하면서, 우리의 썩은 악취를 깨끗하게 씻어주실 것을 하느님께 간구해야 한다. 그리고 우리의 민족과 그리스도의 모든 형제들과 함께 아파하며 고통을 나눠야 한다. 그럴 때 하느님께서 기뻐하신다."[168]

앙기라의 성 닐로스는 더욱 확실하게 우리에게 말해 준다.

"이웃 형제가 죄를 지으면 너는 한숨을 내쉬어라. 그래야 네 자신에 대해서도 한숨을 내쉴 수 있을 것이다. 우리 모두는 죄에 대해 공동책임자다."[169]

번역자 시메온은 좀 더 부연하여 말하였다.

"어떤 형제가 자신의 잘못을 회개하고 울고 있는 것을 보게 되면 그와 함께 울어주고 공감하여라. 다른 사람의 정욕의 아픔이 우리의

---

167 바르사누피오스와 요한, $Ἐπιστολαί$ 546.
168 사바 수도원의 안디오호스, $Λόγοι$ 49, PG 89, 1585C.
169 앙기라의 닐로스, $Γνῶμαι\ Ἀπάγουσαι\ των\ Φθαρτῶν\ καὶ\ Κολλῶσαι\ τοις\ Ἀφθάρτοις\ τον\ Ἄνθρωπον$ 69, PG 79, 1248A.

잘못을 치유하는 데 많은 계기가 된다. 이웃 형제의 죄 때문에 함께 눈물을 흘리는 사람은 형제를 위해 울어준 그 모든 것에 있어 그 자신도 치유된다."170

위와 유사한 가르침을 『사부집』의 한 이야기를 통해 볼 수 있다.

"언젠가 한 수도자가 사부를 찾아가 '저와 함께 수도하는 형제가 사방팔방 돌아다녀 제가 영적 투쟁하는 데 많은 방해가 됩니다. 그래서 제 마음이 편치 않습니다.' 하고 말했다. 그러자 사부는 그를 위로하며 말했다. '조금만 더 인내하게, 하느님께서 자네의 인내를 보시고 그를 고쳐주실 것일세. 사탄이 사탄을 내쫓지 못하듯이 완고함으로 고쳐지는 것이 아니라 부드럽고 선한 마음으로 고치는 것일세. 그리고 하느님께서는 위로로 사람들을 고쳐 주신다네.' 그리고 나서 사부는 그에게 다음과 같은 이야기를 해 주었다.

"티바이다에 두 명의 형제가 있었지. 그 중 한명이 아주 심한 음란한 유혹에 시달리고 있었는데 결국 다른 형제에게 말했어. '난 세상으로 돌아가겠네.' 그 말을 들은 다른 형제는 눈물을 흘리며 '난 자네를 보낼 수 없어. 그동안 자네가 쌓아온 수고와 순결을 잃는다는 것은 있을 수 없네.' 하고 붙잡았지. 그럼에도 불구하고 형제는 '난 떠날 걸세.' 하며 뜻을 굽히지 않았어. 그리고 '만약 자네도 원한다면 나와 함께 가세. 그러면 내가 자네와 함께 돌아오지. 그렇지 않다면 내가 떠나도록 놔두게. 나는 세속에서 살겠네.' 하고 말했지. 다른 형제는 이 모든 사실을 큰 사부에게 고백했지. 그러자 사부는 그에게 다음과 같이 조언을 해 주었지. '그 형제와 함께 가게. 하느님께서 너의 희생을 보시고 그가 쓰러지도록 놔두지 않을 걸세.' 그렇게 해서 그 두 명의 형제들은 세상으로 떠났지. 그들이 도시의 작은 마을에 도착했을 때 하느님께서 다른 형제의 희생을 보시고 음란한 유혹과 싸우고 있는 형제에게서 유혹을 거둬주셨지. 그 순간 그 형제는 다른 형제에게 말

---

170 번역자 시메온, *Ηθικοί Λόγοι* 12, 5, ΒΕΠΕΣ 57, 279, 38.

했어. '형제여, 다시 사막으로 돌아가세. 내가 죄를 짓는다면 무엇에 좋겠나?' 이렇게 해서 그 둘은 아무런 해를 입지 않고 수도하는 공간으로 다시 돌아왔다네."[171]

이웃에 대한 좀 더 발전된 깊은 관심의 표현은 바로 기도이다. 물론 기도의 주제는 너무 광범위하기 때문에 여기서는 비난과 비판을 하는 사람들과 관련된 부분만 살펴보려 한다. 시로스의 성 이사악은 다음과 같이 말했다.

"죄인을 미워하지 마라. 우리 모두가 공동책임자다. 그러나 하느님을 위해 어쩔 수 없이 그와 달리한다면 그때는 그의 영혼을 위해 울어주어라. 왜 그를 미워해야 하는가? 그를 미워하기보다는 그의 죄를 미워하고 그를 위해서는 기도를 해 주어라. 그리스도께서도 죄인들에게 화를 내시지 않고 그들을 위해 기도하셨다."[172] 익명의 저자가 기록한 시로스의 성 이사악을 칭송하는 저서를 살펴보자.

"묵상과 온유함을 사랑하는 사람은 이웃의 결점을 보지 않으며 말로써 그를 고치려고 하지 않는다. 그는 침묵과 고요 속에서 신실한 마음과 눈물로써 알게 모르게 지은 모든 사람의 죄를 용서해달라고 끊임없이 주님께 기도드린다. 왜냐하면 우리 인간은 남녀노소를 가릴 것 없이 자주 죄에 빠지기 때문이다."[173]

마지막으로 성 테오도라의 전기에서 살펴보자.

"이웃 형제의 타락에 대해 조소하지 말고 울어주고 위로가 되라. 만약 누군가 타락한 생활을 한다는 말을 듣게 되면 그들을 위해 기도해 주어라."[174]

---

[171] Ανέκδοτο Γεροντικό, 참조. 각주31, ff. 33-34.
[172] 시로의 이사악, Λόγοι 8.
[173] Επίγραμμα εις τον Ισαάκ τον Σύρον.
[174] 번역자 시메온, Σεπτέμβριος, Βίος Θεοδώρας της εν Αλεξανδρεία 17, PG 115, 685C.

3) 다른 사람들이 우리를 험담할 때

비난과 비판에 대한 사막의 스승들의 가르침은 이 두 큰 죄의 심판이나 그 이유에 대한 설명, 또는 어떻게 그것들을 피할 수 있는가에 국한되지 않고 비난과 비판의 대상이 우리 자신일 때 어떻게 대처해야 하는지에 대해서도 알려주고 있다.

사부들의 조언은 기교적이지 않고 영적인 특징을 가지고 있다. 다시 말해서 비난을 퇴치하기 위한 세상적인 방법론을 신자들에게 가르치는 것이 아니라 본질적으로 그 문제를 깊이 묵상하고 힘을 북돋아 머리로 해결하는 것이 아니라 수덕을 갈고 닦아 창조적으로 그 문제를 극복하게 하는 데 있다.

제일 먼저, 사부들은 처음 수행의 길에 들어선 수련자들에게 나타나는 현상을 경고한다. 수련자들은 매우 예민해서 사람들이 자신들에 대해 얘기하고 그들을 판단한다는 잘못된 의심을 하는 경우가 많다. 이런 예민함은 교만의 사고와 전혀 무관하지 않다고 할 수 없다. 이 교만 위에 사탄이 자리하고 공격한다. 따라서 다른 사람들이 자신을 험담한다는 의심은 사실 깊은 곳에 사탄의 유혹이 자리하고 있다. 바르사누피오스 사부는 매우 분명하게 이 사실을 말하고 있다. "누군가가 자신에 반하여 얘기한다고 생각하는 것은 수련자들에게서 나타나는 전쟁을 의미한다."[175]

우리 자신이 비난의 대상이 되어 겪는 슬픔에 대해 성 이사야는 분명하게 밝혀주고 있다. 사부는 이런 경우에 겪게 되는 슬픔은 대부분의 경우 "하느님을 위한 슬픔"과는 전혀 관계가 없고 에고이즘의 산물이라고 얘기한다. 이 아픔은 참된 슬픔인 죄인이라는 의식이나 신실한 마음으로 이끌지 못하고 비록 현상으로 나타나지 않았다 해도 과거의 인간을 자극한다. 또한 이 아픔이 악의 무리가 개입할 만큼의 영

---

[175] 바르사누피오스와 요한, *Επιστολαί* 162.

적 경지에 이른 것처럼 생각되거나 사탄의 계략으로 해석되어져서도 안 된다. 이런 사고는 교만의 한 예로서 그 교만은 올바른 수련에서 수련자를 벗어나게 한다. 이사야 사부의 말을 보자.

"만약 누가 너를 욕해서 아프다면 그 슬픔은 참된 것이 아니다…. 너에 반해서 누군가가 진실이 담긴 말을 한다고 네가 흔들린다면 너의 흔들림 속에는 아직 하느님에 대한 두려움이 없는 것이다…. 이 모든 반발은 아직도 과거의 인간이 살면서 너를 지배하고 있음을 반증한다. 그리고 이런 모든 사건들 뒤에는 너와 전쟁을 치르는 악의 무리들이 숨어있다고 생각하지 말라. 또한 네가 겪는 슬픔도 하느님의 뜻에 따라 형성되는 인간의 진정한 슬픔과 관계있는 것이라고 생각하지 말라."[176]

이와 유사한 내용을 사막의 마르코스 사부도 말했다.

"높은 덕에 대해 칭송을 받은 사람들이 지나친 기쁨에 젖어 허영이 만들어낸 쾌락조차도 아주 건설적인 것으로 착각한다. 또 어떤 이들은 자신들이 지은 죄에 대해 제재를 받고 큰 아픔을 겪고는 그 아픔이 악의 계략의 산물인 양 유용한 것으로 생각한다."[177]

지금까지의 가르침 외에도 사부들은 긍정적으로 비난을 극복할 수 있는 방법에 대해서 도움을 준다. 사부들은 사람들이 우리를 비난할 때 그 내용이 하느님께서 이미 알고 계시는 수없이 많은 우리 죄 중의 일부라는 사실을 일깨워 줌으로써 오히려 우리에 대한 비난이 우리의 죄를 들추어 내지 않고 감내하고 계시는 하느님에 대한 감사의 요소임을 보여 주고자 했다.

이사야 사부는 다음과 같이 말하고 있다.

"누군가 너를 험담하는 얘기를 듣게 되면 마음속으로 복수를 생각

---

[176] 이사야, *Λόγοι* 23, 4.
[177] 사막의 마르코스, *Περί των Οιομένων εξ Έργων Δικαιούσθαι* 3, **PG 65**, 932B.

하지도, 불평을 하지도 마라. 또한 비판하거나 또는 비난하지도, 다른 사람의 입에 그를 올리지도 마라. 오직 너의 선한 의지로 그 상황에 대처해라. 이렇게 온전히 대처한 후에 비로소 너는 그 어떤 나쁜 일도 하지 않았다고 생각해야 한다. 만약 네가 지옥에 대한 두려움이 있다면 너는 네 자신에게 다음과 같이 말하면서 복수심을 버려야 한다. '어리석은 이여, 너는 너의 죄를 용서해 달라고 하느님께 기도하여 하느님께서 오늘날까지 네 죄를 짊어지고 감당하게 하면서 또 다른 한편으로는 용서를 모르는 너의 죄가 분명하고 확고함에도 이웃에 대한 분노로 가득 차 그를 사람들 입에 올려놓는구나. 만약 네 마음이 부드러워지고 악의로부터 네 자신을 보호한다면 하느님께서는 너에게 자비를 내리실 것이지만 만약 너의 마음이 완고하면 하느님께서 너를 기억하지 않으실 것이다.'[178]

그리고 이사야 사부는 이어서 다음과 같이 말했다. '형제여, 나를 용서하시게. 나는 많은 죄로 인해 참으로 보잘것없고 불쌍한 존재라네. 이런 글을 적으면서 가르침을 주는 내 얼굴이 참으로 부끄럽기 그지없네.'[179]

이사야 사부는 또한 우리가 죄인임에도 불구하고 우리를 존중해 달라고, 아니 다시 말해서 우리를 비판하지 말라고 요구한다는 게 얼마나 비상식적인가에 대해서 강조하면서 다음과 같이 밝혔다.

"한편으로는 썩고 더러운 것을 찾으면서, 우리를 성인처럼 대해달라고 요구하다니, 참으로 가련하다."[180]

이 모든 가르침 뒤에 이사야 사부는 우리가 정당하게 또는 부당하게 비난의 대상이 되었어도 반박하지 말아야 한다고 결론을 도출하면서 다음과 같이 말하였다.

---

[178] 이사야, *Λόγοι* 18, 2.
[179] *ibid.* 29, 2.
[180] *ibid.* 27, 1.

"누군가가 정당하게 또는 부당하게 우리를 욕하거나 비난하거나, 아니 그 보다 더한 '도살장에 끌려가는 양처럼' 죽음에까지 이를 만큼 비난을 해도 아주 사소한 반박도 해선 안 된다. 오히려 가능하다면 그를 위로해 주어라. 그렇게 하기 힘들다면 차라리 깊은 겸손으로써 완전히 침묵하여라."

지금까지 수도자들은 우리가 비난의 대상이 되었을 때, 영적 투쟁을 하는 우리가 죄에 빠지지 않게끔 놀라운 영적 깊이와 참된 지혜로써 우리를 도와 주었다. 그러나 그리스도교인의 완성은 한쪽 면만 있는 것이 아니다. 다시 말해 개인적 완성의 행위나 개인적 관심의 틀 안에서만 움직이는 것이 아니라 교회 안에서 또 교회와 함께 공동체적인 완성의 행위를 이룬다. 이런 이유로 비방하는 말을 들었음에도 그리스도교인은 그가 입은 개인의 윤리적 상처만을 치료하는 방법에만 관심을 기울이는 것이 아니라 비난 앞에서도 감내하는 자세를 견지함으로써 진리가 훼손되거나 신자들이 추문에 휩싸이거나 또는 무관심한 사람들 또는 부정하는 사람들에게 호기를 주지 않도록 함께 노력해야 하는 것이다.

거짓으로 모함을 받았을 때 올바른 방법으로 진실을 회복하기 위한 시도는 아마도 감내와 침묵으로 비난을 대처하는 것보다 두 배의 덕이 필요할지 모른다. 정확하게 이런 연유로 그런 일을 당했을 때는, 상황을 잘 파악하고 그 이유가 무엇인지 그리고 그 동기들이 에고이즘이나, 분노, 복수심을 내포하고 있는지를 깊이 살펴서 대처해야 이미 입은 상처 위에 새로운 상처를 덧입히지 않게 될 것이다. 만약 그 동기가 상대방의 감정에 의한 것이라는 확신이 서는 경우에는 차라리 침묵을 하고 하느님께 그 진실의 회복을 맡기는 것이 좋다. 왜냐하면 감정적 대처는 반박을 하는 그 사람이나 그 반박을 듣는 사람 그리고 그런 소문을 듣는 사람들을 해롭게 한다는 점에서 악을 고치기보다 오히려 몇 배 더 나쁜 결과를 초래하기 때문이다.

4. 비난과 비판에 대해 수도자들은 우리에게 무엇을 가르치는가?

성 대 바실리오스는 그리스도교인임과 동시에 교회의 지도자로서 그의 말뿐 아니라 실천으로써 올바른 길을 제시한다. 언젠가 폰도의 네오케사리아의 주교와 그의 모든 신자들이 예배와 관련된 주제에 대해 성 대 바실리오스와 반목하였다. 성인은 오해가 지속되지 않기를 바라는 마음에서 그들에게 편지를 써 보냈다. 그런데 그들은 성인에게 답장을 보내지 않았다. 그래서 성인은 두 번째 편지를 보냈다. 두 번째 편지의 내용이 어떻게 시작되는지 보자.

"당신들은 한 명의 예외 없이 모두 한 마음으로 나를 미워하고 나에게 전쟁을 선포한 당신들의 주교를 절대적으로 믿고 따르고 있습니다. 하지만 나는 당신들 앞에서 침묵을 지키고, 화해의 편지나 또는 당신들과 대화를 시도하려고 하지 않고 조용히 나 혼자서 슬픔을 감내하기로 했소. 그러나 한편으로는 비록 복수를 위한 반박이 아닐지라도 거짓이 진실처럼 알려지는 것을 막기 위해 그리고 그 거짓을 믿는 사람들이 해를 입는 것을 예방하기 위해 그런 모함 앞에서 침묵하는 것만이 최선이 아니라 생각했고 그래서 비록 내가 모든 성직자들에게 보낸 지난 나의 편지에 대한 답장을 받지 못했지만 당신들에게 새로운 편지를 써 보내는 것이 옳다고 생각했소."[181]

또 어떤 경우에는 지역의 수도자들에게 장문의 편지를 써서 질서를 회복하려고 하였다. 그 편지 중에 관련되는 일부를 발췌했다.

"모든 교회들이 흔들리고 영혼들도 흔들리고 있다. 일부는 끊임없이 형제들을 험담한다. 거짓이 두려움 없이 횡행하고 진실이 묻히며 고발의 대상들은 제대로 평가받지 못하고 죄인으로서 심판받는다. 반면에 고발자들은 검증 없이 그들의 말이 사실인 것처럼 여겨진다. 오래 전부터 나를 모함하는 편지들이 돌아다닌다는 말을 들었을 때 진리의 법정에서 변론할 준비가 되어 있었음에도 나는 침묵하기로 결심하고 그렇게 실천했다. 올해로 3년째 모함을 받고 그 비난을 감내

---

[181] 대 바실리오스, *Επιστολαί* 207, 1, ΒΕΠΕΣ 55, 240, 16.

하고 있다. 인간의 감춰진 모든 생각을 알고 계시는 주님께서 그 모함의 증인으로서 계시는 것만으로 나는 충분하다. 그러나 많은 사람들이 감내하고 있는 나의 침묵이 그들의 비난이 사실이기에 말을 못하고 있는 것이라 생각하는 것을 알았다. 그래서 나는 이 편지를 쓰기로 결심했다. 그러니 당신들의 깊은 사랑으로, 한쪽 면만 부각되는 나에 대한 그들의 주장을 받아들이지 않았으면 좋겠다. 왜냐하면 그 어떤 법도 피고의 입장을 듣지 않고는 심판하지 않는다고 적혀 있기 때문이다."[182]

이후에 성 대 바실리오스는 그들의 비난이 옳지 않았음을 증명한다.

성 대 바실리오스의 위의 두 편지를 살펴보면 성인은 침묵으로써 모함을 감내하는 것이 그렇게 어려워 보이지 않는다. 특히 두 번째의 경우에는 3년이라는 시간을 그렇게 감내했다. 그의 침묵을 깰 수 있었던 단 하나의 이유는 자신이 상처 입은 명예를 회복하기 위함이 아닌 —교회의 대 성인에게 있어서 인간적 명예는 아주 보잘것없는 것이었다.— 다른 사람들을 보호하기 위한 것이었다. 즉, 한편으로는 모함하는 자들의 악의적인 말들에 사람들이 현혹되지 않도록 하고, 또 다른 한편으로는 참된 진실이 어디에 있는지를 알게 하여 사람들이 그 진실에 부응하도록 하기 위해서였다. 침묵으로 온갖 비난의 화살을 감내하는 성인의 자세는 이교도 여자인 심블리키아가 비난했을 때 분명하게 드러난다. 그녀가 성인을 비난하고 온갖 욕설을 했을 때 그 사실들이 널리 알려지지 않았기 때문에 성인은 그 비난이나 욕설에 대해서 언급하길 원치 않으셨다. 그녀의 태도에 대해 성인이 어떻게 말하고 있는지 알아보자.

"사람들은 본의 아니게 더 나은 사람들을 미워하고 더 못한 사람들을 좋아한다. 그래서 나는 당신이 나에게 한 온갖 더러운 욕설의 부끄러움을 침묵으로 감내하면서 나의 혀를 자제하고 있다. 나는 세상의

---

[182] ibid., 226, ΒΕΠΕΣ 55, 273, 15.

심판관보다 모든 것을 알고 계시고 또 모든 종류의 불의로부터 지켜주시는 하늘의 심판관을 더 원한다"[183]

---

[183] *ibid.*, 115, ΒΕΠΕΣ 55, 144, 16.

결론으로의 두 가르침

지금까지 비난과 비판에 대한 교회의 뛰어난 사부들이 가르친 내용을 개괄하여 요약한다면 우리는 성 이시도로스 필루시오티스(†435경)의 말씀으로 갈음할 수 있다.

"나는 우리가 남보다 더 많은 죄의 용서를 필요로 하는 죄인임에도 남의 잘못과 문제에는 아주 엄격한 심판자의 역할을 한다는 것에 참으로 놀라움을 금하지 않을 수 없다. 우리는 남의 죄에 대해서는 아주 뛰어난 시력을 갖고 있으면서도 우리 자신의 죄에 대해서는 눈 먼 장님이 된다. 반면에 우리가 이룬 성과에 대해서는 작고 부차적인데도 아주 크게 생각하고 이웃의 성과는 크고 놀라운데도 작게 여긴다."[184]

번역자 시메온의 가르침을 좀 더 부연해 보자.

"너는 편협되게 너 자신을 위한 심판자가 되어서도 안 되고 너에게 유리하게 사물들을 헤아려서도 안 된다. 네가 가지고 있는 장점에 큰 의미를 주지 말고 동시에 너의 잘못에 대해서 쉽게 잊어선 안 된다. 또한 오늘 네가 이뤄낸 것에 대해서 자랑하려 하지 말고 최근에 또는 과거에 네가 행한 잘못에 대해서 용서를 해 주어서도 안 된다. 만약 현재가 너를 칭찬하려 한다면 빨리 과거의 기억을 회상해서 치료되도록 해야 한다."[185]

지금까지 살펴본 주제에 대해 사부들의 가르침은 충분해 보인다. 하지만 아직 무언가 부족함이 있다면 높은 경지의 그 가르침들이 과연 인간의 기준에 부합되는 것인가라는 점이다. 정말 인간은 살면서 모든 비난을 영적으로 승화시키며 덕의 경지에 오를 수 있는 것인가? 이런 질문은 사실 새로운 것이 아니다. 이미 많은 사람들이 해 왔었고 또 그에 대한 답 역시 주어졌다. 따라서 그런 질문에 새삼 우리의 보

---

[184] 이시도로스 필루시오티스, Επιστολή προς Αλύπιον 4, 234, PG 78, 1473C.
[185] 번역자 시메온, Ηθικοί Λόγοι 20, 2, ΒΕΠΕΣ 57, 313, I.

잘 것 없는 입장을 피력하기보다 영적 체험자인 사부에게 그 답을 듣는 것이 나을 것이다. 성 이시도로스 필루시오티스가 그의 동료에게 보낸 편지를 살펴보자.

"누구든지 욕설과 부당함을 당하면서도 비난하는 사람을 위해 용서를 하고 더 나아가 순수한 마음으로 그를 위해 기도해 주는 것은, 사실 나의 능력을 초월하는 놀라운 일이다. 하지만 이 보다 더 힘든 것은 그들이 자신의 잘못을 뉘우치지 않는 것만이 아니라 그들을 위해 기도해 주고 있다는 사실조차도 그들의 조소 대상이 된다는 점이다. 만약 네가 현재 이러한 놀라운 덕의 경지에 있다면 나는 온 마음을 다해 너를 칭송할 것이다. 솔직히 말해서 나는 우연하게 나와 반목하게 되는 사람들에 대해서는 순수한 마음으로 기도를 해 주었지만 악의를 가지고 나를 적대시 한 사람들에는 그들을 위해 말로만 해 주었지 그 이상은 해 주지 못하였다. 나는 일부의 수도자들이 그런 높은 경지에 이르렀음을 의심하지 않는다. 나는 그들을 반기며 그들과 함께 기쁨을 나누고 나 역시 그런 덕의 경지에 이르길 소원한다. 많은 사람들은 이런 덕에 오르지 못하게 된 것에 대해 여러 가지 변명하는 태도를 취한다. 나는 그런 사람들의 오류에 빠지고 싶지 않다. 또한 그들은 자신들의 기준으로 남을 평가하면서 그런 경지의 덕을 이룬 사람들이 없을 것이라 의심한다. 대다수의 사람들은 자기 자신을 판단의 기준으로 남을 재단해 버린다. 더 나아가, 그들은 자기들을 능력 없고 연약한 존재라고 특징지을 것에 대한 두려움으로 덕을 이룬 것처럼 자랑하면서 위선을 보이기도 한다. 심지어는 그런 덕을 이루기 위한 투쟁을 아예 피하려고도 한다. 그러면서 나태해서 투쟁을 안 하는 것이 아니라 올바른 판단에서 그런 것처럼, 지식을 바탕으로 그들의 합리화를 위한 여러 가지 변명들을 내놓는다."[186]

---

[186] 이시도로스 필루시오티스, *Επιστολή προς Θεοδόσιον Πρεσβύτερον* 4, 393, PG 78, 1564D-1565A.